人材紹介のプロが答える

発達障害の人が働くためのQ&A

石井京子・池嶋貫二 著

弘文堂

はじめに

　私が障害を持つ方々の就職支援に携わって約10年が経ちました。そして特に2008年のリーマン・ショック以降、私のところへ相談にくる発達障害を持つ方がたいへん増えてきました。
　相談者の多くは難関の有名大学を卒業し、一般就労の経験を持つ方々で、これまでの障害を持つ人というイメージとはまったくかけ離れた、優秀なタイプの方々でした。いずれも小さい頃からうまく人と関わることができず、働き始めてから自分の特性に気づき、学校や職場など周囲の方々も気づいていなかったと思われるケースが多くを占めていました。そのうえ、どこに相談してよいかわからずに、意を決し相談にみえた方ばかりでした。

　障害者手帳を持つ方に対しては、就労支援を含めさまざまな社会的制度が用意されていますが、手帳を持たない方の場合は利用できる専門機関はほとんどありません。私を訪ねてくる方々は氷山の一角に過ぎず、相談にくる勇気のない方や自分が困っていてもその理由にまだ気づいていない方も多いかもしれません。

　発達障害には自閉症・アスペルガー症候群やADHD（注意欠陥/多動性障害）、LD（学習障害）などがあることが知られていますが、相談者の多くはアスペルガー症候群あるいは高機能自閉症という診断を受けていました。そのため、本書では発達障害を持つ方の中でも知的に遅れのない、学校の成績は優秀だけれども特性から人間関係などに困難を抱えている方の事例を多く取り上げています。発達障害を持つ方の一人ひと

りの特性と状況はさまざまで、なかには特性を重複して持つ方もいます。したがって、タイプ別に一律に対応するのではなく、個別対応が必要になります。それゆえに「就職活動においてこれだけはおさえよう」といった、発達障害を持つ人すべてに共通する答えというものを得ることは難しいという状況があります。

　私が実際にこれまでに受けた質問への回答とアドバイスの多くは発達障害の一つである高機能自閉症・アスペルガー症候群の方々を対象としていますが、発達障害全般に共通する質問もとても多いと感じましたので、この一冊にまとめました。しかし、本書は当事者だけにとどまらず、家族や職場の方々、支援者の方々にも読んでいただきたいと思っています。

　就職活動に関する質問は、すなわち就活中の発達障害を持つ学生の皆さんの課題を表しています。当事者および家族の方々にとってはこれらの質問と回答を知ることにより、今後準備すべきことが明確になるはずです。
　ある就職活動中の方が「私には文字以外の情報を得にくいところがあります。口頭による会話や雰囲気などからは十分に情報を取り込めないことがありますので、平易な言葉で情報をできるだけたくさん欲しいのです」と私に言いました。そこで本書では、発達障害を持つ皆さんが欲しい情報についてより具体的に伝えるということを心がけました。

　また、就労支援機関でも発達障害を持つ方の支援を行う機会がとても増えてきていると思います。発達障害を持つ方への支援は豊富な知識と経験が必要で、一朝一夕に必要な知識が身につくものではありません。

本書で紹介する事例はよくあるQ&Aとして、経験の浅い支援者の方々のお役に立つものと思います。

　そして特に読んでいただきたいのが、企業の人事担当者や管理職の方々です。発達障害を持つ社員が職場でどのように戸惑い、困っているかという理解を深め、発達障害を持つ社員への明確な指示はどのようなものかなどを確認する手引書として活用いただければ幸いです。

　2010年に出版された第一弾の著書『発達障害の人の就活ノート』が発達障害を持つ当事者の皆さんの圧倒的な支持を受け、第二弾の共著『発達障害の人のビジネススキル講座』は支援者の方々から高い評価をいただきました。そして現在も多くの発達障害を持つ皆さんが社会に出ていこうとしています。
　この第三弾では当事者、保護者、企業の方々からの質問に端的に答えながらも、一方で言葉を尽くし、説明するというスタイルをとりました。

　本書が発達障害を持つ当事者の皆さん、家族、教育関係者、支援者、さらに企業の方々など、すべての方々へ発達障害の理解とお互いのコミュニケーションを進めるための一助となることを願っております。

テスコ・プレミアムサーチ株式会社
石井京子

目次

はじめに　Ⅲ

第1章　当事者からのQuestion　1

就職活動に関するQuestion　3

Q エントリーシートが書けません。　4
Q 自己PRできるものがありません。どうしたらよいですか？　8
Q 学生時代の専攻の内容も履歴書に入れるべきですか？また、その専攻を目指した理由や今後役立つであろうことも書くべきですか？　10
Q どんな資格を持っていれば就職できますか？　11
Q 職場で必要なコミュニケーションとは何ですか？　12
Q 企業に採用されるためには、何をやっておけばよいですか？　14
Q 「スピードが求められる」とはどのくらいのスピードですか？　16
Q 企業に求められることはどんなことですか？　17
Q 「仕事ができる」とは何ができることですか？　18
Q TOEICで730点以上持っていれば、「英語ができる」と言えるのでしょうか？　19
Q 「パソコンができる」とは、何がどのくらいできることですか？　20
Q 頑張るとは何をどのくらい頑張るのですか？　22
Q 面接では、なぜ答えにくい質問ばかりされるのですか？　23
Q 面接で仕事と関係のない質問をされるのはどうしてですか？　24

Q 面接でうまく答えられるようになるにはどうしたらよいですか？ ……………………………………………… 25

Q 障害者就職面接会の会場ではいつから審査されているのですか？ ……………………………………………… 26

Q 面接に私服で来るように指定されました。何を着て行けばよいですか？ ……………………………………… 27

Q 将来的に正社員登用があり、自立できる年収を得られる仕事に就くことはできますか？ ………………… 28

Q 集中力の必要な仕事が向きません。集中力を必要としない仕事に就くことはできますか？ ……………… 29

Q 他の人と関わらずに一人でできる事務の仕事はありますか？ ………………………………………………… 30

Q 定型業務が向いていると言われました。定型業務に就くことはできますか？ …………………………… 31

Q 入社して社員教育を受ければ仕事ができるようになりますか？ ……………………………………………… 32

Q 就労経験があります。その後大学に入り直しましたが、卒業したら新卒（障害者雇用枠）として入社し、研修を受けることができますか？ ……………………………… 33

Q 自分自身の特性について、どこまで会社に伝えた方がいいのでしょうか？ ………………………………… 34

Q 多くの求人票に「電話応対」が含まれています。電話応対が得意でない場合、配慮してもらうことは可能ですか？ ……………………………………………… 35

Q 障害者雇用枠での就職活動はいつから始めればよいですか？ ………………………………………………… 36

Q 障害者雇用枠の採用では内定が取れずに既卒になった場合、ハンデになりますか？ ……………………… 38

Q 卒業までに就職が決まりませんでした。この後どのように就職活動を進めればよいですか？ ………… 39

Q 卒業を1年延ばそうと思います。どのようなデメリットがありますか？ ……………………………………… 41
　　Q 自分の障害を客観的に伝えられるかが合否に関わるというのは本当ですか？ ………………………………… 42

働き始めてからのQuestion …………………… 43
　　Q 職場には始業時刻のどのくらい前に到着すればよいですか？ ……………………………………………………… 44
　　Q フレックスタイム制は、どのくらいの自由度が認められますか？ ……………………………………………… 45
　　Q 朝の出社時のあいさつは誰に対して行えばよいですか？ ……………………………………………………………… 46
　　Q 職場の人とあいさつを交わしたあとに一言二言何か話しかけた方がいいですか？ ……………………… 47
　　Q 電話やメールで、初めて接する人に対しても「いつもお世話になっております」と言うのはなぜですか？ … 48
　　Q 社内では朝や午前中の疲れていない時間帯でも「お疲れさまです」とあいさつするのはなぜですか？ …… 49
　　Q 昼休みは一人で過ごしてもよいですか？ ……………… 50
　　Q 集中力が続きません。勤務時間中に休憩をとってもよいですか？ ……………………………………………… 51
　　Q 上司に相談で声をかけるタイミングがつかめません。 52
　　Q 上司に質問をしたら、「忙しいからあとにして」と言われました。いつ聞き直したらよいでしょうか？ … 53
　　Q 上司が会議で席をはずしていることが多く、仕事のやり方について質問することができません。どうすればよいでしょうか？ ……………………………………… 54
　　Q 自分のやり方で仕事をしたい場合はどうすればよいでしょうか？ ……………………………………………… 55

Q「少々お待ちください」と言われた場合、どのくらい
　　　　待てばよいですか？ ……………………………… 56
　　　Q折り返しの電話がない場合、どのくらい待てばかけ直
　　　　しても失礼にあたりませんか？ ………………… 57
　　　Q私物の文房具を職場に持参して使用してもよいですか？
　　　　　　　　　　　　　　　　　　　　　　　　　　 58
　　　Q新入社員である自分に「社会人基礎力」を求められて
　　　　も戸惑うばかりです。どうすればよいでしょうか？… 59
　　　Q残業することが好ましくないのはなぜですか？ …… 60
　　　Q特に事情がなければ、定時で退社してもよいですか？ 61
　　　Q周囲は皆忙しくしていますが、自分の仕事が済んだら
　　　　帰ってもよいですか？ …………………………… 62
　　　Q障害者手帳の更新によって等級が変更になりました。
　　　　会社に報告する必要はありますか？ ……………… 63
　　　Q職場の人に年賀状は出すべきですか？ …………… 64
　コラム　　さら就労塾＠ぽれぽれの取組み　佐藤智恵 ……… 65

第2章　曖昧な指示へのQuestion …………………… 71

　　上司の曖昧な指示 ……………………………………… 73
　　　「任せるから頼むよ」 ………………………………… 74
　　　「できるだけ早くやってね」 ………………………… 75
　　　「適当にやっておいてね」 …………………………… 76
　　　「きちんとしてね」 …………………………………… 77
　　　「受付で立っていればよいから」 …………………… 78
　　　「この仕事はそのうちでいいから」 ………………… 79
　　　「もうちょっとな感じ」 ……………………………… 80
　　　「センスよく作ってね」 ……………………………… 81
　　　「好きにやってくれていいから」 …………………… 82
　　　「例のあの件、どうなった？」 ……………………… 83

「自分が思うよりできているよ」 …………………………… 84
「誠意をもって対応する」 ………………………………… 85
「やることわかっているよね」 …………………………… 86
「ちょっと鏡を見てきて」 ………………………………… 87
「いま食事中だから、その書類は見られないよ」 ……… 88
「そういうことだから」 …………………………………… 89
「私服で出勤してきてもいいです」 ……………………… 90
「明日は大掃除なので、汚れてもいい格好で来てください」 91
「飲み会の幹事やってね」 ………………………………… 92
「会議の議事録お願いね」 ………………………………… 93
「ほどほどにして切り上げるように」 …………………… 94

コラム　「クロスジョブKOBE」の取組み　古川直樹 ……… 95

第3章　保護者からのQuestion ……………………… 101

保護者の役割と支援 ……………………………………… 103
Q 就職までに身につけておきたいスキルは何ですか？ … 104
Q 就職に必要なスキルを身につけさせるために、親はどのように支援していけばよいですか？ 学校にお願いできることはありますか？ ……………………………… 106
Q 子どもの社会への認識が低く、親の気持ちとの差を埋めるにはどうしたらよいですか？ ………………………… 108
Q 就職に際して、療育と精神のどちらの障害者手帳を取得すればよいですか？ …………………………………… 109
Q アルバイトはさせたほうがよいですか？ ……………… 110
Q 大学で青春を謳歌してから就業させたいのですが、大学生活はどのように過ごすのがよいですか？ ………… 112
Q 有名国公立など高学歴であれば、就職には困らないのでは？ ……………………………………………………… 114

Q 一般企業（障害者雇用枠）と特例子会社のそれぞれのメリット、デメリットについて教えてください …… 116
Q 特例子会社は給与が安いのではないでしょうか？ … 118
Q 発達障害を持つ男子、女子では就職で差が出るのですか？ ……………………………………………………… 120
Q どんな業種の職場に採用されることが多いのですか？ ……………………………………………………………… 121
Q 採用される合格の基準を教えてください。 ………… 122
Q 面接には保護者が同席してもいいのでしょうか？ … 123
Q 合同面接会などに参加しても先に進むことができません。どのような対策を講じればいいでしょうか？ … 124
Q 障害者雇用を推進し、将来も業績の安定した企業はどのように見分ければいいですか？ ……………………… 125
Q 企業の求める人材について、本音の部分を教えてください。 ……………………………………………………… 126
Q 社会に出るためのサポートの種類と受け方を教えてください。 …………………………………………………… 128
Q 採用後は、ジョブコーチなどの支援は受けられるのでしょうか？ ………………………………………………… 130
Q 発達障害を持つ人は職を転々とする場合が多いと聞きますが、現状はどうでしょうか？ …………………… 131
Q 社会に出てからどんなトラブルが起こりえますか？ … 132
Q 仕事に定着しない場合、家庭や保護者はどんな支援をすればよいでしょうか？ ……………………………… 134
Q 今後の障害者雇用はどのようになっていくのでしょうか？ ……………………………………………………… 135

コラム　これまでの就労を振り返って　笹森理絵 …………… 137

第4章　企業からのQuestion ……………………… 143

企業で活躍してもらうために ……………………… 145

- Q 仕事の進め方を確認せずに自分勝手に進めてミスをします。どうしたら改善されますか？ ……………… 146
- Q 仕事の優先順位がつけられないので困っています。… 147
- Q いつも締切りに間に合いません。どうしたらよいですか？ ……………………… 148
- Q どこまで詳しく仕事の内容を説明すれば理解してもらえますか？ ……………………… 149
- Q トラブルや困っていることをすぐに話してくれないのはどうしてですか？手遅れになってしまうので困ります。 ……………… 150
- Q 入社してずいぶん経ちますが、いまだに仕事の進め方について聞いてばかりなのはなぜですか？ ………… 151
- Q 話が長くて困っています。どうしたらよいですか？… 152
- Q 机の上が乱雑で何度注意しても直りません。 ……… 154
- Q 当初の期待以上に仕事ができています。今後はそれほど特性を気にする必要はありませんか？ …………… 155
- Q 本人の障害に関して、どこまで社内周知をしておけばよいですか？ ……………………… 156
- Q 知識として知っている発達障害の特性と目の前の当事者の特性が異なるのはどうしてですか？ …………… 157
- Q 定期面談で注意すべきことは何ですか？ …………… 158

コラム　苦しまずに働くために　林 哲也 ……………… 159

第5章　経験者へのQuestion ……………………… 165

経験者に聞く …………………………………………… 167
Q 就職活動で一番困ったことは何ですか？ それをどのように乗り越えましたか？ ……………………………… 168
Q 大学の就職課で教えてもらったこと、サポートしてもらったことは何ですか？ ………………………………… 171
Q 障害者雇用枠で働こうと考えたのはなぜですか？ … 172
Q 障害者雇用枠での就職活動はどのようなものでしたか？ ………………………………………………………… 174
Q 支援者からのアドバイスや情報で役立ったことはありますか？ …………………………………………………… 176
Q 仕事を始める前にやっておいてよかったことはありますか？ …………………………………………………… 178
Q どんな仕事をしていますか？ ……………………… 179
Q 企業で働いてみてわかったこと、意外に思ったことはありますか？ ………………………………………… 182
Q 職場の人との関係で難しいと思うことがありますか？ ……………………………………………………………… 186
Q 困ったとき、悩みのあるときは誰に相談しますか？ … 187
Q 週末はどのように過ごしていますか？ …………… 188

言葉を尽くして語り合いましょう　190
社会を知り、社会を感じよう　192

第1章

当事者からの
Question

就職活動に関するQuestion

　大学3年生の秋頃から、周囲の学生は企業説明会に参加するなど急に慌しくなります。そんななか、自分一人流れに乗り切れなかったという話を発達障害を持つ方からよく聞きます。「何をどうしたらよいのか」「どんな企業のどんな職種を選ぶのか」何も情報を持たずに戸惑う皆さんの姿が目に浮かびます。「自分で自分のことがわからず、自己分析が思うようにできない」「自己PRできるものがない」「エントリーシートが書けない」など、就職活動を目前にして、立ちすくむ方もいました。あるいは自分自身を知るために、自分探しの時間を持つことを決めた方もいました。就職は皆さんの想像する以上にはるかに高いハードルですが、自分の人生の1シーンは自分で切り開いていく必要があります。情報の入りにくいところのある皆さんですが、十分な知識を持って自分の進路は自分で決断しなければなりません。

　就職という場面では発達障害を持つ方が苦手とする、相手の視点になるということが求められます。面接では自分の伝えたいことを一方的に話すのではなく、「面接官が知りたがっているもの」がわからないと適切に答えることができません。この章では発達障害のある新卒学生からのよくある質問に端的に答えるほか、なぜそれが必要なのかを解説し、ではどのようにすればよいのかという具体的な対応方法を説明します。第三者の視点から企業の立場と求職者の立場を説明されることにより、皆さんは自分と相手の関係を理解しやすくなるでしょう。就職活動の面接においてだけでなく、就職後もコミュニケーションは必要です。なぜ必要なのかを知って準備をしていきましょう。

Q エントリーシートが書けません。

A まずは自分を見つめ直し、自己分析や自分の過去の出来事をふり返る棚卸し作業を行いましょう。そして、自分自身の性格や行動を確認します。そのうえで、それぞれの設問の項目毎に具体例を用意しておくと答えやすくなります。

✓ エントリーシートとは

　エントリーシートとは、求人への応募時や企業説明会後に提出が求められる書類です。自己 PR や企業が用意したテーマについて指定の文字数でまとめます。企業によって書式に違いはあるものの、設問はある程度共通しています。書き方の事例は、就職活動関連の書籍やサイト上などでも探すことができます。以下、主な設問の項目について解説します。

✓ 長所と短所

　長所は具体的な内容（エピソード）を書くことがポイントです。どうしても自分の長所が見つからなければ、家族や友人に尋ねてみましょう。

　短所は一見短所に見えるけれども長所に結びつくような内容を書くことがポイントです。例えば、「人から頼みごとをされやすく、常に面倒な作業を抱えてしまう＝人が困っているときに手伝ってあげる気持ちが強い」といった具合です。もう一つは、短所を率直に伝えて、その短所をカバーするためにどう工夫しているかを伝える方法があります。例えば、「私は忘れっぽいところがありますが、極力メモをとり、忘れ物をしないよう努力しています」などのように前向きに締めくくります。

✓ 趣味

　発達障害を持つ方は自分の得意なことや趣味の話になると熱が入り、ついつい詳細に説明しがちですが、人事担当者はあなたと同じ趣味を持っているとは限りません。簡潔に記載することを心がけましょう。

✓ 資格

　保有している資格を記載します。資格を多数保有していても、仕事に関連する資格以外は記載する必要はありません。何も資格を保有していない人は、現在資格取得のために勉強中であれば、自己PRに「簿記2級の取得を目指して現在勉強中」などと記載することもできます。

✓ 自己PR

　企業が積極的な人や協調性のある人を求めているからといって、「積極的」や「協調性」という言葉を安直に使うことは避けたいものです。積極性や協調性があるか否かを判断するのはあくまで面接官であって、これらの言葉を自分で使用するのは適切ではありません。自分に即したかたちで、「物事に真摯に取り組む姿勢」や「誠実さ」をアピールするほうが賢明です。

✓ 学生時代に打ち込んだこと、それによって学んだこと

　就職活動中の方の中には、「大学のゼミは取っていないし、サークル活動にも参加していない。アルバイトもうまくいかないので、書くことがありません」という方がいますが、だからといって落ち込んだり、悩んだりすることはありません。これからでも活動できることはあります。

　例えば、ボランティア活動です。住まいの地域ごとに一般市民が参加できるボランティア活動は多くあり、高齢者施設や災害に備えるイベントなどでは、常にボランティアメンバーを募集しています。ボランティア活動は病院での入院中の患者さんへのお手伝いなど恒常的に活動が必要なものもありますが、イベントのためのボランティアスタッフはイベ

ント当日とその直前の準備など、比較的短期間でのボランティア活動であることが多いです。記憶も新たな参加したばかりのボランティア活動であれば、自己PRのエピソードとして利用できることは間違いありません（関連Q&A：p. 8参照）。

✓ 失敗談と成功事例

失敗談と成功事例、いずれもわかりやすいエピソードを用意します。失敗談の例として、アルバイトやボランティアでの活動でお客様に迅速に対応しようとしてあわてて、物を落としてしまったなどのエピソードを紹介したとします。その場合は、失敗談を紹介するだけでなく、「そのときは失敗してしまったけれど、次回はこういうところに気を付けた」と足りないところをフォローする一言を添えるようにしましょう。また、成功事例についても「事前にこういう準備をしておいたのでうまくいった」と自分の努力が実を結んだ事例を探してみましょう。

その他、「これまでに一番困ったこと」「それをどう解決したか」というテーマもよく聞かれる内容です。失敗談と成功事例と同様に、エピソードを予め用意しておきましょう。

✓ 志望動機

応募先企業への志望動機を書くコツとしては、一つは自分の長所をその会社の仕事で活かしたいという素直な気持ちを伝える方法があります。あなたは実際に何ができるのか、そのためにどのような努力を重ねてきたのかを説明できると説得力が増します。その他、その会社の事業の何に惹かれたのかを書くのも一つの方法です。

障害者雇用枠の求人に応募する場合の留意点として、採用基準が新卒採用の際と少し異なる点が挙げられます。障害者採用では、新卒の際の「私が持つ〇〇の能力を発揮したいと思い、御社を志望しました。ぜひ入社して〇〇の仕事をしたいです」のような積極的な志望動機のフレー

ズはあまり効果がないかもしれません。障害者採用では周囲の人たちとの「和」を大切にする柔軟な考えを持つ人材を希望する企業が多いのです。したがって、「私には○○のスキルがある」だから「この業務をやりたい」と明言するよりも、「どんな仕事でも教えていただきながら取り組んでいきたい」と幅広く取り組む柔軟性と謙虚な姿勢を持ち合わせていることが好まれます。

 その他

「当社の商品またはサービスについてどう思いますか？」の設問に対しては、まずは、会社案内のパンフレットや企業サイトをじっくり読んで取扱商品やサービスを確認し、知らない名称があれば調べます。部品であればどんな製品のどの部分に使われているか、その部品はどの会社に納められているかなども調べます。そして、実際に感想を書く際には、掲載されている内容を丸写しするのではなく、身近なものとして自分とその商品やサービスとの関わりについて触れると、あなたが会社とその商品またはサービスに対して持つ関心を伝えやすいでしょう。また、この質問の中には「当社の何が好きですか？」という意味合いも含まれていると考えるのがよいでしょう。実際のところ、知名度のある会社の入社試験ではその会社の商品をよく知っているばかりか、小さい頃から大好きでよく購入していたのでその会社に入りたいと応募を希望する人も少なくありません。商品やサービスに対する関心について熱意を持って伝えることは有効です。

その他、「当社のサイトを見た感想を教えてください」という設問が意図するところは、企業側はサイトに対するあなたの感想が聞きたいわけでも、体裁や見やすさの評価が欲しいわけでもありません。社会性や社会貢献をどのように受け取ったか、あなた自身の価値観と共有するところがあるかどうかを知りたいはずです。

Q 自己PRできるものがありません。どうしたらよいですか？

A 誰にでも何か自己PRできるものがあるはずです。なければ、これから自己PRに活用できる材料をつくりましょう。

なぜPRできるものがないと思うのか

発達障害を持つ方は正直すぎて自分をアピールする表現ができない人や自己理解の弱さから自分の何をPRしてよいかわからない人が多いため、就職活動における自己PRを苦手とする方が多いようです。

また、発達障害を持つ方の中には他者とのコミュニケーションを持つことを苦手とする方も多く、中学・高校で部活動やサークル活動を経験していないことが多いと思います。アルバイトにチャレンジしてみたものの、職場の方との人間関係づくりがうまくいかず続かなかったという話もよく聞きます。そのため、サークル活動もアルバイトもうまくいかなかったので、「アピールできる内容がない」「自己紹介書に何を書いてよいかわからない」という方が少なくありません。

その他、失敗経験はないものの実生活での経験の少なさから自己PRに活用できる材料が見当たらないという場合もあります。それであれば、いまは何も思いつかなかったとしても、これから経験をしても遅くはありません。前述したとおり（p. 5参照）、例えばボランティア活動に参加してみるのはどうでしょうか？ 自分の余っている時間をボランティア活動で社会のためになること、困っている誰かのために役立てることはとてもよいことだと思います。そして、その経験を自己PRとして書いてみましょう。

自己 PR は何のために必要か

　まず、何のためにアピールするのかということを考えてみましょう。目的は「就職＝内定をとること」です。内定を得るためには、志望する企業に対してあなたの意欲を伝え、あなた自身をよく知ってもらう必要があります。では、面接官にしっかりと伝えるためには、あなたはどのように説明したらよいでしょうか？　それは、自分の経験を自分らしくポジティブに伝えることです。ポジティブに伝えるということは、ビジネスシーンにおける常識です。これまでの日常生活ではポジティブな表現を使う経験はなかった人もいるかもしれませんが、社会に出ることを目指すのであれば、気持ちを切り替えて実践していきましょう。

　また、他の人がどのように就職活動をしているのかを知らなくてはなりません。一般の学生はどのように活動していると思いますか？　彼ら彼女らは、自分の経験した部活動やサークル活動あるいはアルバイト経験などを膨らませて堂々とアピールしています。前向きに伝えることが苦手な方はなおのこと、膨らませてアピールすることが求められます。ある発達障害を持つ方ですでに就職活動を経験した方は「自分が思うより3割増しでアピールしてよかった」と語っています。

　就業経験のない新卒学生は、就職活動で自分のできることをアピールすることが必要です。仕事のイメージがつかめない人は、まず自分のできること、できないことを整理しましょう。整理していくうちに自分が活躍できる可能性のある仕事が絞られてくるはずです。発達障害を持つ方は自分が仕事をしているイメージを持ちにくいかもしれませんが、これから社会人になるのであれば、人の意見やインターネット上の他人からの情報だけでなく、実際に自分の目で見て、自分で聞いて情報を確認してもらいたいと思います。実際に働いている先輩などから話を聞くのもよい方法です。

Q 学生時代の専攻の内容も履歴書に入れるべきですか？ また、その専攻を目指した理由や今後役立つであろうことも書くべきですか？

A 学生時代の専攻が経理、会計、財務など実務に関わることであれば、簡単に触れるのがよいと思います。実務と結びつかない内容の場合は、書く必要はありません。

　皆さんの中には大学でさまざまな分野を専攻し、勉強を続けてきた人も多いと思います。

　しかし、民間企業での就職を想定した場合、薬剤師や管理栄養士などの専門的な資格を取得した方などを除き、その専攻した分野の知識を活かせる企業へ就職できる方はあまり多くありません。また、専攻していた分野で得た知識が応募する企業の職場にどう結びつくかを実際の職場を知らずに説明するのは難しいと思います。

　したがって、実務に関わることであれば簡潔に書いてもよいですが、そうでない場合は、専攻内容やその専攻を目指した理由、今後役に立つであろうことまで無理やり書く必要はありません。

　障害者雇用枠の採用では、一般的に管理部門（総務、経理、人事など）を中心とする一般事務の求人が大多数を占めています。したがって、一般事務をこなすために必要なスキルとして、まずはパソコンが使いこなせなければ話になりません。実務と結びつかない専攻の内容に触れるよりもむしろ、パソコン操作がどのくらいできて（p.20参照）、その他に活かせそうな資格やスキル、例えば簿記の資格や使えるビジネスアプリケーション（パワーポイントやイラストレーター、フォトショップなど）をアピールしたほうが賢明です。

Q どんな資格を持っていれば就職できますか？

A 資格を持っているからといって、すぐに就職できるわけではありません。

　発達障害を持つ人の中には資格さえ取得できれば、あとは経験を積むことにより何とかなると考える人が少なくありません。医師や弁護士のように資格が必要な職種も中にはありますが、少なくとも一般の職場においては資格の有無ではなく、一生懸命に仕事を覚えて、常に努力を積み重ね、自分で経験やスキルを身につけていく人が評価されます。

　資格を取得する目的が仕事などに活かすためであれば、資格を取得すること自体は間違いではありません。ただし、資格は絶対的なものではなく、あくまでもこの程度の知識を持っているという参考程度のものでしかないことを知っておきましょう。

　上記の質問以外にも、「資格」に関連した質問に回答します。

Q　簡単に取得できて役立つ資格はありますか？
A　残念ながらありません。簡単に取得できてしまったら、誰もがその資格を持ってしまい、希少価値が薄れてしまいます。
Q　資格をたくさん持っているのに評価されません。
A　それは実際に仕事に役立つ資格ばかりではないからです。また、実際に社会で必要とされる資格であったとしても、その資格を使って経験をしたことがなければ評価されることはないでしょう。資格を持っていなくても、それに代わる能力を持っていることのほうが評価されます。

Q 職場で必要なコミュニケーションとは何ですか？

A 職場の上司や先輩、同僚と円滑に仕事を進めるために、相手を理解し、報告・連絡・相談、確認、主張などの適切な言動が求められます。また、家族や友人との日常会話とは異なり、職場での会話はビジネス用語や敬語を使用するのが基本です。

職場で求められるコミュニケーションとは、具体的には次のような内容です（業務の内容と状況に応じて異なります）。

✓ **指示されたことの理解**

口頭での仕事の指示を理解できること、正しい理解のためにわからない部分を質問できることが必要です。また、すべての指示が直接的な言葉で指示されるとは限りません。ときには曖昧な指示でも相手が求めていることを察することや言外の意味も理解することが求められます。

✓ **相手に伝える**

伝える必要のある事柄を正しく伝えることが必要です。伝える内容はその都度伝えるのではなく、まとめて伝えます。そして伝えるときには周囲の様子をみて、伝えてもよい場面かどうかを確認します。報告や説明においても与えられた時間内で簡潔に伝えます。最初に「いまお時間よろしいですか？」「どのくらいお時間がありますか？」と相手に聞いておくとよいでしょう。

✓ **報告・連絡・相談**

職場では適切なタイミングで報告・連絡・相談ができなければなりません。特にお客様のクレーム対応では、上司や先輩に正確に対応の経過

や情報を引き継がなければさらなるクレームの増大につながる可能性があります。発達障害を持つ方の中にはクレームを受けて慌ててしまう方は多いと思いますが、どんなときでも必要な情報を報告または相談する相手に簡潔に伝える必要があります。

 確認と主張

仕事は一人で行うものではなく、チームで進めるのが一般的です。仕事を円滑に進めるためには、途中段階において他のメンバーに仕事の内容や進み具合の確認が必要になります。その中で必要に応じて自分の意見を主張することも求められます。自分の意見を表すときには、5W1Hを明確にして話すのが効果的です。

 相手の意見を聞く

複数の人の意見を聞き、それぞれの相手の立場を理解することができることは当然ですが、相手の意見が自分と異なっていたとしても、否定せず、受け入れることが必要とされます。また誰しも苦手な相手がいるものですが、職場では苦手さをみせず、冷静に公平に振る舞うことがよいとされています。

 意見をまとめる

打合せや会議の場ではさまざまな意見を出し合い、議論を尽くした結果その意見を取りまとめ、一つのコンセンサス(合意形成)に導き、行動するのが一般的です。相手の意見を聞く、相手に意見を言うことに加え、複数の人と意見を交わすことができ、相手の意見を整理し、要約できるようになれば一人前です。発達障害を持つ方の中には、1対1では対応に問題がなくとも、複数の人とコミュニケーションを取ることは、はるかに難度が高いと言う人も少なくありません。また、打合せや会議の主催者ともなれば相手が異なる意見を持っていたとしても、自分が進行役としてその意見を整理して要約することも必要となってきます。

> **Q** 企業に採用されるためには、何をやっておけばよいですか？

A 就職までの道のりは簡単なものではありません。何かを一つやればそれで就職がうまくいくわけではありません。採用の話以前にあなたは社会人になります。社会人になるためには、段階を経て準備していくことが必要です。早めに取り組み、時間をかけて活動していきましょう。

社会人として自立した生活を送るためには、経済的な自立のみならず、生活面や精神面でも自立していることが望まれます。「経済的な自立」とは、職業に就き収入を得て、税金を支払うことです。自分の稼ぎで生活を送ることが最終的なゴールです。「生活面での自立」とは、日常的に必要な自分の身の回りのことを自分で行えることです。毎朝の起床、洗面、身づくろいから買い物、料理や掃除・洗濯に至るまで親や家族の手を借りずに自分で行えることです。「精神面での自立」とは、問題に対して自分で解決ができるかどうかです。

そして、社会人になるためには、まずは以下の3つの基本的なスキルとマナーを身につけなければなりません。

- **生活のスキル**：就職のためには仕事の能力のみならず、毎日の基本的な生活のスキルも必要です。毎日の生活を問題なく行うことができない人は職場でもうまくいかない場合が多いのです。
- **仕事のスキル**：事務的な業務に就く場合はパソコンスキルを持ち、電話応対ができるほうが有利です。
- **ビジネスマナー**：社会人としてのあいさつができ、敬語を使えることが必要です。また、報告・連絡・相談が適切に行えることも社会人と

しての条件です。さらに細かいことですが、職場では昼休みを一人で過ごすことができることも自立の一つの条件です（p.50参照）。

こうして社会人になる条件が整ったら、就職活動のための準備にとりかかります。

- **面接準備**：履歴書の作成や面接練習などを行います。
- **企業研究**：企業が求める人材を知り、市場に出ている求人を読み解き、情報収集と研究に努めます。さらに障害者雇用枠の求人に応募する場合は必ず障害について説明を求められるので、自分の特性を説明でき、欲しい配慮を簡潔に伝えることも重要です。

ここまでが就職のための準備です。何か一つ欠けても、就職活動を進めるにはバランスが悪いことに気づくでしょう。そしてすべての準備が整ったら、自分に合う仕事とのジョブマッチングを慎重に行います。ジョブマッチングが成功し、皆さんを理解してくれる企業との出会いがあり、就職への長い道のりを経て、就職というゴールに到達します。就職というゴールは一つの目標であり、就職は皆さんのキャリア生活のスタートです。皆さんはそこからキャリアを積み重ね、成長していくのです。

図1 就職までの道のり

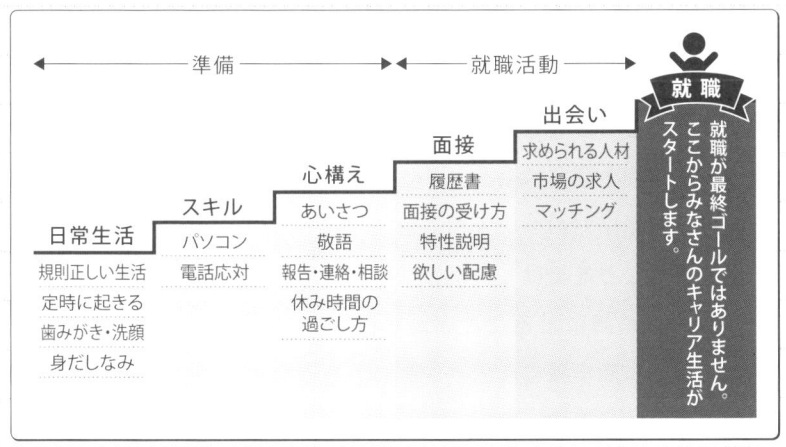

Q 「スピードが求められる」とはどのくらいのスピードですか？

A どのような業務でも、少なくとも"平均的"なスピードであることは期待されます。職場によっては、一つひとつの作業にルールや基準を設けている場合もあります。

仕事内容や職場により期待されるスピードは異なります。ここでは事務の仕事の一つ経理と工場の生産ラインを例として挙げます。

1つ目の例として、経理業務では伝票作成などの際にテンキー（キーボード右側にある数字入力用キー）による数字入力を行います。未経験者が最初から熟練者のスピードを求められることはありませんが、数ヶ月後には平均的なスピードで入力できることが期待されます。参考になる数値として、いくつかの人材派遣会社のウェブサイトには派遣登録のスキルの目安が掲載されています。それによると、データ入力に求められるスキルは10分間で文字入力100字、数字は200タッチです。

2つ目の例として、工場の生産ライン業務について考えてみます。工場では、一人のために機械の速度を遅くするわけにはいきません。機械を停止させるということは生産部門としての大きな損失だからです。したがって、周囲と同じスピードで作業することが求められるでしょう。

その他、電話応対の多い部門ではお客様へのサービス第一を考え、すぐに応答することを奨励し、例えば受信時は1コール以内、あるいは3コール以内に電話に出ることなどを約束ごとにしている職場があります。このように職場独自の取り決めがある場合は、職場で設定された目標値が基準になります。

Q 企業に求められることはどんなことですか？

A 一般的に企業では、具体的な人柄として「明るくコミュニケーション能力のある人」や「前向きな人」、そして実務的な事柄として「パソコンのできる人」を望んでいます。

実はこれら以外にも企業が採用の際に求めることがあります。それらは、発達障害を持つ方が継続して勤務するために押さえておきたい事柄と共通します。特に働いた経験のない学生の方は、社会人になる前の心得として、以下のポイントを確認しておきましょう。

✓ 企業に求められること

- 働きたいという意欲を表明すること
- 任された仕事をこなすことができる能力と体力があること
- 毎日定められた勤務と突発で発生する残業もこなせること
- 自己での体調管理ができること
- 上司や先輩の指導を受入れて、成長していくことができること
- 仕事を進めるうえで必要なコミュニケーションが取れること
  （多くの場合は口頭の指示による）
- 会社の方針変更があったとしても新しい方針に従えること
- チームと連帯し、チームや会社全体の利益のために動けること
- 周囲と意見を調整しながら仕事を円滑に進めていけること
- 清潔感のある身だしなみを心がけること
  （職場の方に好感を持ってもらうため）

Q 「仕事ができる」とは何ができることですか？

A 新入社員の場合、入社直後の目標はいつまでも先輩に相談して指示を仰ぐばかりでなく、独り立ちして自分の判断で仕事をこなし、完結できるようになることです。

「仕事ができる」という言葉の意味はとても幅広く、新人・中堅・管理職・経営層など各階層に求められる範疇も異なります（ここでは、新入社員の場合に限って説明します）。

新入社員の場合は、先輩がマンツーマンで仕事の進め方を指導してくれます。最初は失敗しても仕方がありませんが、できるだけ早く仕事を覚えることを期待されています。また、現在の業務だけに限らず、他の業務にもチャレンジし、仕事の幅を広げていけることが望まれています。さらに、仕事を円滑にこなしていくためには、上司や先輩に仕事のわからないところを教えてもらったり、自ら指示を仰いだり、相談したりしなければなりません。そのような際に、関係者との意思の疎通が円滑に図れるということも「仕事ができる」の範疇に含まれます。

では、新卒採用では「仕事ができる」ことが採用条件なのかといえば、そうではありません。企業側は、この人が入社したらこのような潜在能力を持っていると見受けられるので、将来的に「この仕事ができるだろう」という予測を立てて採用するわけです。仕事ができるだろうと判断されるポイントは、やはりコミュニケーション能力や協調性を持つ人ですが、業種や職種によっては積極性やリーダーシップ、主体性などが重視されることもあります（p.126 参照）。

Q TOEICで730点以上持っていれば、「英語ができる」と言えるのでしょうか？

A 新卒者の場合、ビジネス上の基本的な文書を読むことができ、簡単な日常会話ができれば、一般的に「英語ができる」と言っても過言ではありません。

　企業や職種などによって求められるレベルは異なりますが、実務経験のない新卒者に対しては、企業も実務的なレベルの高い英語力を求めているわけではありません。とはいえ、外資系企業ではTOEICで700点以上あることを採用の基準としている場合もあるので、その数字が一つの目安になるでしょう。なお、ビジネスで英語を使う場合、求められるレベルは大きく次のように分類されます。

- **日常会話レベル**：日常会話であれば要点を理解でき、受け答えにも支障なく対応することができる。
- **ビジネスレベル**：社会性のある話題について自分の意見を論理的に述べることができる。
- **ネイティブレベル**：通常会話は完全に理解でき、相手からの質問に対してもよどみなく応答することができる。ネイティブが使う慣用句や表現についての知識も十分に持っている。

　入社時には必ずしも高いレベルが求められているのではなく、英語を使用する頻度の高い企業では英語ができると活躍できる場が広がる可能性があると考えましょう。入社後に英語の習得が必要とされる企業の採用においても、英語が堪能なだけでは有利にはなりません。「英語力」プラス「資質」が採用の条件であることを理解しておきましょう。

Q 「パソコンができる」とは、何がどのくらいできることですか？

A 職場で行うパソコン作業の多くは Word ではなく、Excel を使用します。表計算やグラフ作成、簡単な関数が使いこなせるレベルが求められます。

「大学では Word で作成したレポートを提出していたので、パソコンができます」という方がいますが、Word は操作ができて当然です。その程度では、パソコンができるレベルとはみなされません。実務では、多くの場合 Excel を使用します。

また、仕事でパソコンを使うときには、誰かに使い方を質問したり、マニュアル本を広げて使い方を調べたりすることなく自分で基本操作を行えれば、一般操作ができるということになります。

実際には、職種により求められるパソコンスキルのレベルは異なります。一般的に、物品を扱う企業では、簡単な OS 端末での受発注をメインとする営業事務があります。受発注のデータ入力ならば「初級」程度のレベルとなります。

一方、数字を多く取り扱い、データのグラフ化や報告書の作成も必要となる部門の場合は、「中級」レベルのスキルが求められます。一般事務では膨大な量のデータを管理して資料作成を任されることもあり、仕事の内容によってはマクロを駆使することが必要な場合もあります。

さらに、広報やマーケティングの部門では、収集したデータを Excel でどのように管理するかという「上級」レベルのスキルが要求されることもあります。

では、具体的にどのようなことができることで「初級」「中級」「上級」を判断されるのでしょうか？

パソコンスキルのレベルは一般的に次のとおり分類されます。

初級

売上数字などの入力や修正ができる。作成した表に罫線を引き、色や網かけをして見やすく加工ができる。また、SUM（合計）やAVERAGE（平均）などの簡単な関数を利用し、作成した表をもとにグラフの作成ができる。

中級

与えられた数字を加工して資料を用意できる。VLOOKUP関数など、高度な関数を使用して、データの集計をし、ピボットテーブルでクロス集計ができる。

上級

複数の文章と複数のグラフを組み合わせて企画書などの作成ができる。マクロを使って特定の操作手順をプログラムとして記述して自動化しておくことができる。関数を使用してデータの検索、抽出、統合ができ、複数の要素が含まれた高度なグラフを作成できる。

新卒学生の方々へのアドバイスとして、卒業前にパソコンの勉強をしておくことをお勧めします。なぜなら、学生から社会人になることは考え方や行動など、どれをとっても大きな変化が生じ、日々の生活に慣れるだけでも大変です。ましてや、初めての就職で新人として覚えていかなければならないことは数多くあります。少しでも心の余裕を持つためにパソコンは事前に勉強し、使いこなせるようになっておきましょう。必ずしも資格までとる必要はありませんが、パソコンの資格検定を取得しているのであれば、この程度使いこなせますという目安にはなります。

Q 頑張るとは何をどのくらい頑張るのですか？

A 新入社員の場合の仕事で頑張るということで考えてみます。あなたが会社から期待されることをあなたができる範囲内の努力で速やかに達成することです。

「頑張る（がんばる）」の意味は「あることをなしとげようと、困難に耐えて努力する」（大辞林）とあります。そうすると「努力する」という言葉に置き換えてもよいかもしれません。職場では、規則を守り、業務指示を守り、時間を守り、職務を遂行し、業務改善やコスト削減を心がけ、報告・連絡・相談をします。これらはすべて職場で当然やるべきことをしているだけなので「頑張って」いるということにはなりません。新入社員は早く担当業務に精通し、一人前に仕事を完結できるようになることが求められています（p.18 参照）。あなたの成長は努力により、さらに伸びていきます。「自分ではこんなに頑張っているのに、これ以上頑張れと言われてもどうしたらよいのか？」と思う方がいるかもしれませんが、現在の仕事を今よりよくすることを目標に定めていますか？"何をどのくらい頑張ったらよいか？"がわからない人は自分の目標を定めましょう。「現在は周りの人に聞きながら行っている業務を3ヶ月後には自分一人で行えるようにする」「現在は丸1日費やしている伝票の処理を15時までにできるようにする」などで構いません。"努力する"ということは"無理をする"ことではありません。自分に負荷がかからない程度に努力を積み重ねてください。皆さんはたゆまぬ努力の継続で、成長していくことができるのです。

面接では、なぜ答えにくい質問ばかりされるのですか？

A 答えにくい質問ばかりとは限りません。質問に対する一手先の答えを用意しておきましょう。

　面接で聞かれる質問はある程度決まっているので、用意周到に答えを準備して面接にのぞむ方も多いと思います。しかし、発達障害を持つ方は想定外の質問をされたときに焦ってしまい、慌てて余計なことを言ってしまう方が多いようです。そのため、「答えにくい質問ばかりされる」と感じてしまうのかもしれません。

　また、ある質問に対して答えは用意していたとしても、その答えに対してさらに質問を重ねられたときにうまく答えられない方が多いようです。例えば、趣味を聞かれて「読書です」と答えた場合、「どんなジャンルの本を読みますか？」「最近読んだ本で印象に残った本はありますか？」など聞かれる場合があります。そのようなもう一手先の質問に対する答えまで用意しておくと、より安心して面接にのぞめるはずです。

　発達障害を持つ方の特徴として、すべての質問に対し正直に正確に答えようとする方も少なくないと思います。一生懸命に言葉を尽くして答えようとするばかりに、説明が長くなってしまうこともあると思います。そのようなときは無理に答えようとせず、面接官がどのような答えを期待しているかという観点から考えることができれば乗り切れるはずです。どうしても答えられない場合は、「ちょっといまは思いつきません」あるいは「適当な例が思い浮かびません」などと伝え、その場で回答しなくてもよい方法があることを知っておきましょう。

> **Q 面接で仕事と関係のない質問をされるのはどうしてですか？**

A あらゆる角度から応募者の人柄をみるためです。とりわけ、協調性や社交性の部分がみられています。

　組織の中では、会社全体の利益のために上司や同僚、後輩、取引先と協力し、一つの目標に向かって率先して動くことのできる人材、すなわち誰とでも協力しあえる性格＝協調性のある人材が求められます。

　「協調性のある人材」とは、すべての人の意見を聞き、誰に対しても協力を惜しまず、多少は自分の意に沿わないことや損になることも時には受け入れる寛容さを備えた人のことです。全体の目標を達成するために、チームの行動を第一に考えて積極的に行動できる人ともいえます。

　そこで面接官は、人柄を判断する材料の一つとして、仕事と直接関係のない質問、例えば「サークル活動は楽しかった？」などを聞く場合もあります。このような質問をされた場合には、協調性があることを実証するエピソードとして、「あるイベントで苦労をいとわず皆を手伝った」「サークル内の意見を調整し、目標に対し成果を上げた」などを取り上げるのが好ましいと思います。単にゼミやサークルに参加し、仲間と仲よくできたというだけでは協調性のアピールにはなりません。

　同様に、「友人とお酒を飲み（食事）に行く？」といった質問の意図は、社交性をみるためです。友人とお酒を飲みに行く学生は交友関係が広く、社交的なタイプとみられます。会社では歓送迎会や忘年会などの懇親会が開催されることもしばしばです。飲み会も職場の方々とうまくやっていくための要素の一つであることは知っておきましょう。

Q 面接でうまく答えられるようになるにはどうしたらよいですか？

A 大学のキャリアセンターや公的機関の専門家に面接の練習や助言を求めるのも一つの方法です。また、実際に面接を受けたら、必ず面接ごとに振り返りを行うことです。

　発達障害を持つ方の中には、察する力や臨機応変さに乏しい人がいます。採用面接では面接官の意図を汲みながら質問に答えなくてはなりませんが、相手の意図に気づかないと面接官が期待するような適切な回答ができません。それゆえに想定外の質問を受けると、答えに窮してしまうケースが多いと思われます。

　面接で質問される内容は、ある程度想定されます。志望動機などの当然想定されている質問にうまく答えられなかったとしたら、それは明らかに準備不足です。失敗を肝に銘じて支援者に相談するなど十分に準備をしましょう。さらに、障害者雇用枠での採用面接では一般の面接で聞かれる質問内容の他に、健康面における確認や特性の説明と欲しい配慮について聞かれるのが通常です。しっかり準備をしておきましょう。

　また、実際に面接を受けたら、面接の都度、振り返りを行いましょう。面接後に質問の内容とその質問に対しての答えを思い出し、どのように答えるのがベストであったかを確認します。自分一人で考えても正しい答えを見出せないこともあります。その場合は、支援者に相談し、その答えでよかったのかどうかを確認することも大事なことです。就職の支援者は豊富な経験を持っている方ばかりですから、面接の練習への対応やアドバイスもしてくれるはずです。

> Q 障害者就職面接会の会場ではいつから審査されているのですか？

A 面接会場での行動はすべて見られていることを意識して行動する必要があります。

　年に数回、都道府県労働局およびハローワーク主催による障害者のための就職面接会が各地で開催されています。東京で開催される障害者就職面接会を例に挙げると、参加企業数は最大300社にのぼる大規模なイベントで、会場内は非常に混み合います。そのように混雑した会場で、企業側が来場者を一人ひとり観察もしくは審査することなど不可能と言えるでしょう。

　しかし、会場内で面接の順番を待っている間に、多くの人の目につくような態度の悪い行動を取り、その行動がたまたま応募先企業の担当者の目にとまったとしたら、面接の結果によい影響を与えないことは明らかです。したがって、常日頃から礼儀正しい行動を心がけることが大切です。

　その他、障害者就職面接会に関するよくある質問として「隣り合わせの面接ブースの企業2社に応募したいのですが、隣の企業にも応募していたことがわかると面接で不利になりませんか？」という質問をもらいます。しかし、隣り合わせの企業に応募することは、基本的に問題ないでしょう。なぜなら、企業は開催時間中の限られた時間内に何十名もの求職者と面談しています。面談中の求職者の話を聴くのに集中し、その人たちの印象をあとから思い出すだけでも大変な中、隣の面談ブースの人に注意を払う余裕などないと思います。

> **Q** 面接に私服で来るように指定されました。何を着て行けばよいですか？

A 私服は人柄を印象付けます。面接では目立つ服装よりも当たりさわりのない好印象を与えるような服装を心がけましょう。

　カジュアルな服装を推奨する企業の採用面接を受ける場合、稀に「私服で来てください」と指定されることがあります。
　その場合、一般的に好ましいと思われる服装は、男性であればカジュアルなブレザーとコットンパンツにカジュアルなワイシャツやポロシャツの組合せが無難です。ブレザーに合わせる靴は、ローファーなどです。
　女性も同様にカジュアルなジャケットをはおります。ボトムはパンツでもスカートでもどちらでもOKです。インナーはブラウスまたは襟なしのニットやTシャツでも構いません。ただし、白Tシャツではなく、少しデザインのあるものにしましょう。靴の色は、ジャケットやボトムの色に合わせて選びます。また、洋服の季節感も意外に重視されることを知っておきましょう。ただし、派手なアクセサリーはその場に相応しくないので避けましょう。
　発達障害を持つ方の中には、ファッションにまったく興味がないばかりか、服を選ぶセンスがないと言われ、洋服の組合せに自信のない方もいるのではないかと思います。
　ファッションセンスに自信のない人は、周囲の人で洋服のアドバイスをしてくれそうな人を探して相談してみましょう。自分が持っている洋服を提示して、いくつかの組合せのパターンを考えてもらっておくと、その中から自分で選ぶことができるので安心です。

Q 将来的に正社員登用があり、自立できる年収を得られる仕事に就くことはできますか？

A すべての人が正社員登用されるとは限りません。また、年収はその方の実務経験やスキルにより決定されるものです。

　一言で「正社員」といっても企業や職種により採用条件はさまざまです。それぞれの企業で正社員に求められる働き方とは何なのかを知らなくてはなりません。企業の将来を担う人材として出張や残業もいとわず、マネジメントを期待される働き方をするのか、自分にできる限定された業務に就くのかによって、働き方に対する評価が大きく異なります。

　実際に私たちがこれまで見てきた発達障害を持つ方々の就職活動においては、多くの方は契約社員として就業しています。その中で、数は多くはありませんが、契約社員として入社後に正社員に登用された方もいれば、初めから正社員として採用された方もいます。一般の新卒の就職状況をみても、やむなく契約社員として就業する人も少なくありませんので、全員が正社員として働くことができるかどうかはわかりません。

　また、障害者雇用枠での採用の場合の給与レンジは企業によって異なり、担当する業務内容に応じた給与が設定されます。一方で、障害者雇用枠という考え方を持たず、一般の契約・嘱託社員の給与レンジで設定される場合もあります。その場合は、専門的な経験やスキルの有無により年収が決定され、一般並みの年収をもらっている人もいます。

　誰しも正社員採用と平均以上の年収を望むものですが、雇用形態や年収などの希望条件のこだわりは、ときには優先順位を下げなければならないこともあるかもしれません。

Q 集中力の必要な仕事が向きません。集中力を必要としない仕事に就くことはできますか？

A 集中力が続かない原因を知り、苦手とする業務を極力避け、比較的得意なことを仕事にするのがよいでしょう。

　集中力が続かないという方は少なくありません。しかし、発達障害といわれる方にもいろいろなタイプの方がいて、一人ひとりの状況は同じとは限りません。あなたの集中力が続かない原因は何でしょうか？
　一般的にADHD（注意欠陥／多動性障害）傾向を持っている方は、容易に他の刺激に影響されやすく、数字を正確に扱うことや大量のデータを黙々と処理することを苦手とする方が多いようです。その場合は、これらの苦手とする業務を極力避け、比較的得意なことを仕事にしてみてはどうでしょうか？　いくつかの事例を挙げると、人と接することが好きな方は、接客や販売で活躍しています。忙しくない店舗で、レジは扱わないことなどの配慮があればより安心して働くことができるでしょう。また、体力に自信があり、身体を動かすことをいとわない方は、物流関係で就業しています。ITスキルを持ち、Webデザインの仕事をしている人もいます。その他、総務の仕事をしている人で「あれこれ雑用があり、一日中机に座っていなくてもよく、多少動きまわる仕事なので比較的苦痛を感じずに済んでいます」と話す方もいます。
　また、採用面接では、欲しい配慮の一つとして作業環境を整えて欲しいことを伝えるとよいでしょう。通路側の席では人が通るたびに気になるでしょうが、周囲に間仕切りのある席であれば落ち着いて仕事ができると思います。聴覚過敏のある方も、同様に静かな席を希望しましょう。

> **Q** 他の人と関わらずに一人でできる事務の仕事はありますか？

A 基本的に仕事はチームワークです。一人だけでできる仕事はほぼありません。

　民間企業で仕事をするなら、あなたは組織の一員です。誰とも関わらずに仕事をすることはありません。職場では上司や先輩、同僚などとチームで仕事を進めます。打合せ、仕事の進め方の確認、進捗状況の報告、業務完了の報告、あるいは途中で進め方がわからなくなった場合は相談するなどでの関わり合いが必ず生まれます。

　具体例として、人事事務の仕事について考えてみましょう。

　人事の仕事は、人事・給与・労務・採用・教育の5つのカテゴリーに分かれます。その他にもさまざまな庶務業務があります。いずれも人と関わる業務であり、コミュニケーションが必要とされます。

　この5つのカテゴリーの中で比較的定型業務（p.31参照）に近いのが、1ヶ月サイクルの月次処理を行う給与計算業務です。給与計算業務は従業員の勤怠情報や異動による人事情報の変更・更新、給与計算、金融機関への給与振込データ送信などの一連の流れの業務を担当します。決められた締切日までに予定された業務を行うわけですが、予定通りにいかないこともしばしばあります。従業員の入社退社の連絡などが締切日までに入らない、締切日までに来るはずの報告が来ないなど予定通りに進まない理由はさまざまで、その都度対象の部署と連絡を取り、確認しなければなりません。定型業務といわれる業務でも他の人と関わらないと業務を遂行できないことがあることを知っておきましょう。

Q 定型業務が向いていると言われました。定型業務に就くことはできますか？

A 定型業務の求人に応募したとしても、必ずしも希望する仕事に就けるとは限りません。

　就職は、企業の社員募集に対し、応募・選考の結果決まるものです。求人票に記載されている仕事内容を確認して希望する定型業務に応募できるとはいえ、採用されるとは限りません。応募者が殺到すれば、その分倍率が高くなり、ますますハードルが高くなります。また、企業によっては内定者の能力と適性から配属先を決める場合もあるので、必ずしも求人票の内容どおりの仕事に就けるとも限りません。

定型業務とは

　定型業務とは、定められた手順によって行われる業務のことです。マニュアルに従って誰もが処理できるような、特に難しい判断力は必要とされない業務のことを指します。データ入力・伝票整理・ファイリング等の日常的な業務です。ルーチンワークとも言われます。あらかじめ決められた段取りや流れに沿って行うので、誰にでもできてしまう仕事とも言えます。そのため、雇用形態はアルバイトやパートタイマーなどで募集をかけられる場合が多いのが特徴です。

非定型業務とは

　企画業務や対外的な折衝、新規事業の開発など自分の判断や思考力を使って進める業務です。定型化されていないため、やり方は決まっていません。その分野の知識と経験が必要です。

Q 入社して社員教育を受ければ仕事ができるようになりますか？

A 社員教育を受けただけでは仕事はできるようになりません。日頃の個人の工夫と努力で仕事を覚え、一人前になることを期待されています。

　社員教育にはさまざまな方法がありますが、多くの企業は集合訓練、もしくはOJT（On the Job Training、職場内訓練）と呼ばれる、実際の仕事を通じて必要な技術・能力・知識などを身につける教育訓練を実施しています。社員教育を受け、自分で少しでも早く仕事を覚えるための工夫と努力を繰り返し、実際の業務を体験し、失敗も成功もありながら経験として積み上げていくことによって、ようやく一人前に近づくことができるのです。目の前の業務に慣れるのに半年から1年、一つの専門業務に関して一人前とみなされるためには2〜3年かかるでしょう。

　発達障害を持つ方は、入社してからしばらくの間は、自分に与えられた仕事をこなすだけで精一杯になってしまうと思います。そのようななか、他の同期の仲間の様子には気づく余裕はないと思いますが、同期の中には自分に任せられた業務をこなす他に、一日でも早く仕事を覚えようと業務時間内に自分用のマニュアルを作成するなど独自の努力をしている人がいるかもしれません。初めて仕事に就いた方は業務時間内に教えられた業務以外に自分用のマニュアルを作成するなどという発想は浮かばないかもしれません。しかし、会社では仕事のできる人はどんどん新しい仕事を任せられるようになります。現在与えられている業務が最終ではありません。常に自分のできることを増やしていく努力をしていって欲しいと思います。

> **Q** 就労経験があります。その後大学に入り直しましたが、卒業したら新卒（障害者雇用枠）として入社し、研修を受けることができますか？

A 新卒としての扱いになるかどうかは、就労していた期間によって、企業により対応が異なります。障害者採用の場合は「新卒」「既卒」のカテゴリーの差がなく、職場でのマンツーマンの指導が多いようです。

　一般的に日本の企業は、実務経験のない新卒者を定期的に採用（新卒採用）し、時間をかけて育て上げていくという考え方があります。一方、新卒として社会に出て、入社2～3年目で転職を志す人を第二新卒といいます。ビジネスマナーや社会人としての基本を身に付けている点で、最近では第二新卒を評価する動きもあります。既卒、第二新卒ともに目安は卒業後約3年以内となっており、就労経験が3年以上ある人は、中途採用として見られます。障害者採用では、「新卒」「既卒」という分類化がされない場合が多いため、「新卒」「既卒」というよりも就労経験の有無による分類になる場合が多いようです。

　障害者雇用枠での採用の場合は、毎年4月入社の大量の定期採用というものはありません。中途採用のように、毎月随時入社するため、長期の研修制度を持つ企業もほとんどありません。入社オリエンテーションの後、指導担当の先輩からマンツーマンで仕事を教えてもらいながら覚えていくというのが一般的です。質問者は初めての障害者雇用枠での就職に際し、仕事を覚えるために研修を希望されているのだと想像します。障害者採用では、特性を理解されて採用されますので、個々の特性が考慮されながらのマンツーマンの指導は実際的でわかりやすいものであると思います。

Q 自分自身の特性について、どこまで会社に伝えた方がいいのでしょうか？

A 仕事上で影響がでることや、配慮の必要なことは伝える必要があります。

　仕事上での影響とは、まず通院が考えられます。面接の中でも必ず聞かれる質問の一つです。勤務時間内に通院が必要な人は、会社の承認を得るために、月あたりの通院回数と通院に必要な所要時間を伝えます。
　また、発達障害を持つ方の中には、聴覚過敏や視覚過敏などさまざまな感覚の過敏を持っている方が多いと思います。
　まず、電話の鳴る音が苦手、ざわざわしている場所が苦手という聴覚過敏の人は、何らかの配慮を得ることで仕事のパフォーマンスが向上するのであれば、聴覚過敏について説明し、配慮をお願いするべきです。ただし、聴覚過敏があっても、日常的には発生しないような大きな音（例：運動会の徒競争のスタートの合図のピストル音など）が苦手という話であれば、特に伝える必要はありません。
　次に、明るいところが苦手、あるいは日中の日差しも眩しいと感じる視覚過敏の人は、業務を行うために色のついた眼鏡の着用が必要ならば、そのような色のついた眼鏡の使用許可は業務上の必要な配慮として認められるでしょう。
　その他、口頭の指示だけでは情報がつかみにくい特性を持つ方は、文書やメールなどによる指示もしくはマニュアルの整備をお願いするとよいでしょう。文字情報を得ることで、足りない情報が補足され、安心して仕事に取り組めるはずです。

Q 多くの求人票に「電話応対」が含まれています。電話応対が得意でない場合、配慮してもらうことは可能ですか？

A 求人票に応相談と記載があれば配慮してもらうことは可能です。

　ハローワークの障害者求人の求人票では、電話応対が必須とされる場合、「＊電話応対要」「＊電話応対必須」などと記載されています。これらの求人に応募して電話応対の配慮をお願いすることは難しいと思いますが、「＊電話応対は応相談」「電話応対あり（障害内容により応相談）」などと記載されている場合は、電話応対を配慮してもらえる可能性があります。応募を検討する場合は、窓口の担当者に確認してみましょう。

　発達障害を持つ学生の中には、「事務職」を希望職種に挙げる方が多いですが、実際の事務の仕事の内容をイメージできている方は少数です。

　事務職とは、電話応対も含めてさまざまな能力が求められる「マルチタスク」の業務と言えます。なぜなら、職場では他の人と関わらずに仕事をすることはほぼできません（p.30参照）。また、事務職の多くは電話応対が必要となることに加えて、事務部門でさまざまな業務を効率よくこなすためには一人がどんな業務にも対応できることが好ましく、入力業務だけの社員、電話応対だけの社員を置くのは無駄という考え方があります。企業は常にコストを考えて人材の配置を行っているのです。入力業務だけなら必要な期間だけアルバイトやパート、あるいは派遣スタッフを雇うのが最もコスト的に抑えられるので、入力業務など簡単な業務だけのために社員を雇うことはまずありません。

　事務職はマルチタスクの業務であることを十分理解したうえで、電話応対が苦手な方は、その替わりとなる得意な能力を伸ばしましょう。

Q 障害者雇用枠での就職活動はいつから始めればよいですか？

A 「就職活動の準備」という意味では、できるかぎり早く、遅くとも大学3年生になる前までに始めましょう。

　発達障害を持つ学生の中には、大学での単位の取得やゼミの準備で精一杯で大学生活と就職活動を並行して行うことができない人がいます。安心して就職活動を行うためには、できるだけ早めに単位を取りきり、必修科目と卒論を残すだけの状態にして、就職活動に専念できる体制をつくることが必要です。少なくとも授業の選択を調整して、週のうちに就職活動のために使える曜日をあらかじめ確保しておくと就職活動の準備が進めやすくなります。そのうえで、専門の支援者に相談しながら早めにエントリーシートの作成や面接対策の準備に取り組みます。業界研究や企業研究も欠かせません。

　p.33, p.38で説明しているように、障害者雇用枠での採用は一般就労と比較すると「既卒」と「新卒」のカテゴリーの差はあまりないと言えます。また、障害者雇用枠での採用にはそもそも定期採用（新卒採用）という考え方がないため、一般の新卒採用の採用スケジュールとも異なります。ハローワークには障害者雇用枠の求人情報が多数あり、定期的に障害者就職面接会が開催されます。この面接会への参加は目安として3ヶ月以内に就業できることが条件になるので、新卒学生が参加できるのは卒業直前の年明け以降ということになるでしょう。東京では毎年2月にハローワーク主催の障害者就職面接会が開催されます。この面接会への参加を目標とする新卒学生は多いと思います。

図2 就職活動スケジュール

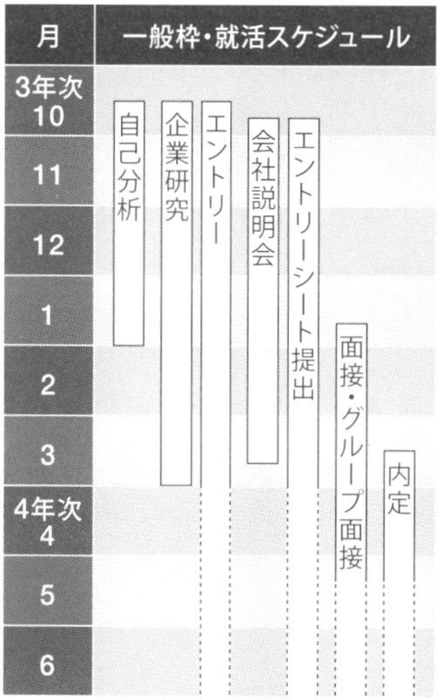

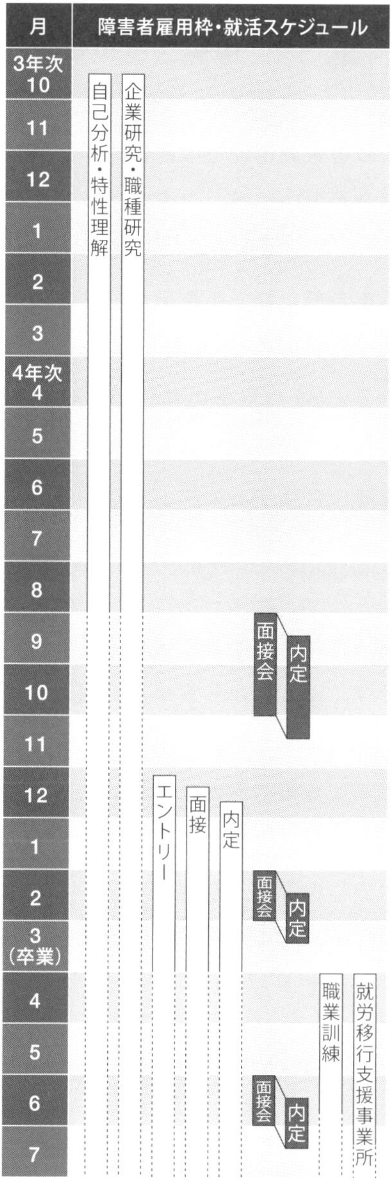

月	一般枠・就活スケジュール
3年次 10	自己分析 / 企業研究 / エントリー / 会社説明会 / エントリーシート提出
11	
12	
1	
2	面接・グループ面接
3	
4年次 4	内定
5	
6	

月	障害者雇用枠・就活スケジュール
3年次 10	自己分析・特性理解 / 企業研究・職種研究
11	
12	
1	
2	
3	
4年次 4	
5	
6	
7	
8	
9	面接会 / 内定
10	
11	
12	エントリー / 面接 / 内定
1	
2	面接会 / 内定
3 (卒業)	
4	職業訓練 / 就労移行支援事業所
5	
6	面接会 / 内定
7	

　左側は一般枠の就活スケジュールです。その年により企業の選考開始時期は多少前後します。

　障害者雇用枠の就活スケジュールは、一般枠とは時期が異なるので、一般枠にチャレンジしてから障害者雇用枠での就活に切り替える人もいます。

　「面接会」は、ハローワーク主催の障害者就職面接会の開催時期です。地域により開催時期と規模が異なります。東京では約300社が参加する最大規模の就職面接会が2月と6月に開催され、10月にはブロック別面接会が開催されます。

　ハローワークの求人への応募または面接会への参加には、3ヶ月以内に就業するという条件がつく場合もあります。学生の場合は2月の面接会への参加を目標にする方が多いようです。

　卒業までに就職が決まらない場合、職業訓練の受講や障害者就労移行支援事業所などに通いながら就職活動を続ける方法もあります。

Q 障害者雇用枠の採用では内定が取れずに既卒になった場合、ハンデになりますか？

A 障害者雇用枠での採用では、「新卒」「既卒」という分類化がされない場合が多いため、大きなハンデにはなりません。

　障害者雇用枠での採用全体を見渡してみると、障害者採用に新卒採用を望む企業ばかりではないことに気づきます。障害を持つ人の年齢構成をみると65歳以上の年代が3/4を占め、新卒の年代は大変少ない状況です。その限られた母集団の中から定型発達の方と同じような採用基準の選考に合格する人材、すなわちフルタイム勤務ができ、残業や全国転勤にも対応可能で、将来の管理職候補としてリーダーシップを発揮し、会社を担っていくことのできるような能力を持つ人材を見つけることは非常に困難であると考えられています。そのため、障害者雇用枠での採用では、はじめから新卒を採用しない方針の企業もあります。

　一般的に言うと、一般就労（新卒採用）では卒業までに内定が取れずに既卒になると大きなハンデになることがありますが、障害者雇用枠での採用では、そもそも応募者を「新卒」「既卒」に分類して扱うこと自体が少ないです。既卒か新卒かということよりもむしろ「就業経験（アルバイト経験も含む）があるかどうか」「いかに戦力として活躍していくことのできるポテンシャルを持っているか」ということのほうが重視されるのです。卒業までに内定を得ることができなかったとしたら、既卒となってしまったことを心配するのではなく、インターンやチャレンジ雇用あるいは職業訓練などで、就業経験もしくは実習経験を積み、実力を身につけることをお勧めします。

Q 卒業までに就職が決まりませんでした。この後どのように就職活動を進めればよいですか？

A 職業訓練等を受講するほか、就労移行支援事業所を利用しながら就職活動を進めることをお勧めします。

　自分一人で就職活動をしていると入手できる情報が限られてしまいます。できるかぎり定期的に相談に乗ってくれる支援者を見つけて、就職活動を進めましょう。「少しでも働く経験を積みたい」とアルバイトをしながら就職活動を続けている人もいます。アルバイトをする場合には、いつ応募先企業から連絡がきても面接を受けられるように、日中は予定を空けておき、夕方から始まるアルバイトをしている方が多いようです。

　発達障害を持つ方に特化した職業訓練には、①一般の職業能力開発校における発達障害者を対象とした職業訓練モデル事業や、②障害者職業能力開発校における発達障害者対象訓練があります。また、身近な地域では企業、社会福祉法人、NPO法人、民間教育訓練機関等が、③障害者のための委託訓練を実施しています。卒業までに就職が決まらなかった方はこれらの訓練を受講し、就職に必要なビジネスマナーやパソコンスキルを身につけながら、就職活動を続けるとよいでしょう。その他、障害者を対象とする訓練ばかりでなく、④若者を対象とする訓練もあります。実際に訓練を受けた人の感想として「ビジネスマナーや周囲とのコミュニケーションなど改めて知ることが多く、自分にはとても役立った」と語る人もいます。

また、障害者の就労支援に関わる事業所はいろいろありますが、その中でも⑤就労移行支援事業所は働く力をつけて就労に結びつけるという点で、就職に役立つのではないかと思います。

　各就労移行支援事業所にはそれぞれ特徴があり、就労支援の対象やカリキュラム、実績などもさまざまです。本書のコラムでは知的・身体・精神の障害の方すべてを対象とする「さらぼれ」と、発達障害の方に力を入れている「クロスジョブKOBE」に事業所の紹介をお願いしました。就労移行支援事業所の中でも発達障害を持つ方が働くための力をつけていくための一つの場として、この二つの事業所に期待を寄せています。

　「さらぼれ」（p.65参照）は発達障害を持つ方に特化した事業所ではありませんが、発達障害を持つ方の受け入れ実績は多く、プログラムに基づき、最初の4ヶ月間の基礎コースを終了し、その後の就職準備コースでは個々の状況にあわせて準備していきます。特に新卒の学生、就労経験のない方は学生時代との違いに気づき、職場の人間関係や職場のルールについても就職前に体験し、習得しておくことが非常に重要です。就労移行支援事業所を利用する仲間同士のコミュニケーションやグループ討議から学ぶものは多いと思います。

　「クロスジョブKOBE」（p.95，p.137参照）は平成24年5月に設立されたばかりの兵庫県神戸市にある就労移行支援事業所です。ほとんどの利用者が発達障害を持つ方で、その特性を理解した就労訓練を行っています。市街地の駅前に拠点を置き、施設ではなく会社に行く感覚で通うことができます。作業・学習・PCワークと偏りのない訓練を実践し、多種多様なアセスメント、タイムリーな面談でフォローするなどいろいろなニーズにこたえています。長年、特例子会社で社員を指導してきた職員や一般企業の経験者ら多彩な人材がスタッフとして在籍し、企業実習先も多く持つなど今後の活動が期待されます。

Q 卒業を1年延ばそうと思います。どのようなデメリットがありますか？

A 充実した1年を過ごすことができ、その1年で考えたことや得たことについて自信を持って伝えられるならデメリットにはなりません。

　卒業の延期がデメリットになるか否かは、卒業を延期した理由とその1年の間に何を経験し、そこから何を得たのかにかかっています。

　その1年間で何も得ることができなかったのだとしたら、当然面接の場面でも自己アピールがうまくできないでしょう。

　自分探しのために時間を費やすのであれば、その間どのように考え、主体的に自分で何を行動したのか、その経験から自分なりに何をつかみ、どんな価値を得られたのかをしっかり自己アピールできる状態にしておくことが大切です。

　発達障害を持つ学生の中には卒業時期を延ばし、1年間をまるまる充てて自分の苦手とするコミュニケーション力をアップさせようと考える方が少なくないようです。

　そこで考えてもらいたいことは、「何のためにコミュニケーション力をアップさせたいのか」ということです。サークル活動や当事者会で交流することだけが目標ではないと思います。就職して職場でうまくやっていくためにコミュニケーション力をアップさせたいという目標があるのであれば、できる限り実際の職場に近い環境で練習したほうがよいと思いませんか？ 充実した1年を過ごすためにも、例えば職業訓練や研修、実際の実務に関わることのできる実習などに参加することを検討してみることをお勧めします（p.39参照）。

Q 自分の障害を客観的に伝えられるかが合否に関わるというのは本当ですか？

A 本当です。自分の特性を分析し、特徴を端的に伝え、欲しい配慮を具体的に伝えられる人は、就職に結びついています。

　障害を開示して行われる障害者雇用枠の採用面接では、障害についての説明と欲しい配慮について質問されるのが一般的です。自分の特性を分析し、特徴を端的に伝え、欲しい配慮を具体的に伝えることで、「自己理解が十分にできているので、仕事も冷静に確実にこなすことができるだろう」という面接官のよい評価に結びつきやすくなるのです。

　逆に、「特に配慮してもらうことはありません」と答えてしまうと、面接官の中には、「この人は自分の特性を本当に理解しているのだろうか？」と疑問に思ってしまう人もいるので、注意が必要です。

　自分の特性の理解は、自己理解の一つです。仕事をしていくにあたり、自分の特性がわかっていないと特性に起因するさまざまな苦手さに対応できなくなってしまうおそれがあります。自分の苦手とすることが職場や業務に何らかの影響を与えると考えられる場合は、採用面接の場できちんと伝えておく必要があります（p.34 参照）。

　また、自分の特性と合わせて欲しい配慮を具体的に伝えるためには、現実の仕事内容や実際の職場をきちんとイメージできていなければうまく伝えられないでしょう。そこで、実際の職場を見ることが大変参考になると思いますが、すべての職場を見ることは非現実的なので、学校の就職指導の職員や就労支援機関の職員などを通じて、卒業生や先輩たちの就職体験談を聞いてイメージをつかむのも一つの方法です。

働き始めてからのQuestion

　働き始めた皆さんは職場で上司や先輩に仕事を教わり、教えてもらったとおりのやり方で一つひとつの作業を進めることから仕事を覚えていきます。働き始めてみると、一人前に仕事ができるようになるまでは自分一人で行える仕事はほとんどないことを身をもって知るでしょう。職場ではいかなる仕事でも進めていくうえで上司、先輩、同僚とのやりとり、社外ではお客様とのやりとりが発生します。仕事の進め方がわからない点は事前に質問しておく必要があり、仕事を進めていく過程では上司に確認しながら進めるという手順を踏むことが重要です。仕事を終えれば完了報告を行います。発達障害を持つ人の中には「質問するタイミングがつかめない」という人が少なくありません。また相手との関係において、状況を読むことが苦手なため一つひとつの行動をどのようにとったらよいかの目安がわからないという人もいます。「どのように質問をしたらよいのか」「電話をかけて話したい相手が不在であることがわかったが、いつ電話をかけ直してよいかわからない」という悩みに対し、この章では状況を読むというタイミングの他に、適切な「時間」や「回数」など、目安がわかりにくい事柄についても取り上げました。働き始めた皆さんの職場の日常での基本的な質問に対し、質問の事例ごとにタイミング、「時間」と「回数」をできる限り示し、状況の判断の仕方を説明しています。また、そのような事例における具体的な尋ね方の会話例も掲載しています。どのように質問をしたらよいかわからない方も、実際の質問として会話例が浮かんでこない方も、具体例を知るとより理解しやすいでしょう。

Q 職場には始業時刻のどのくらい前に到着すればよいですか？

A 会社の始業時刻に100%仕事ができる態勢になっているためには、最低10分前には到着しておくのがよいでしょう。

　100%仕事ができる態勢とは、トイレや手洗い、うがいなどを済ませ、自分の席に着いているだけではなく、その日の予定を確認し、パソコン本体の電源を立上げ、すぐに仕事ができる準備が整っている状態のことです。仕事を始める準備が完全に整っていれば、電話でどのような問合せがあっても即座に端末を利用するなどして調べることができます。社外・社内を問わず問合せに早急に対応できることは、業務の効率化につながるだけでなく、会社またはあなたへの信頼度をアップさせます。

　職場の人たちの中には始業時刻ぎりぎりに席に着く人、あるいは始業時刻を過ぎて席に着く人がいるかもしれません。さまざまなタイプの人がいますが、他の人と同じ行動をする必要はありません。あなた自身は余裕を持って一日の仕事が始められるように、少し早めに職場に到着し、必要な準備をしてから仕事に取りかかるように心がけましょう。

　一日の仕事を始める準備には、メールチェックとメールへの対応も含まれます。一日の活動計画に影響を与えるような急な予定の変更や追加の連絡が入っているかもしれません。また、顧客からのクレームなど緊急度の高いメールの有無を早めにチェックする必要があります。配属部署によっては、大量のメール対応が必要な部署もあります。大量に寄せられたメールを迅速に読み、対応の必要なメールには返信をする作業も朝の始業時の重要な作業の一つです。

Q フレックスタイム制は、どのくらいの自由度が認められますか？

A 勤務先にフレックスタイム制が導入されていたとしても、職場や職種によっては必ずしも自由度が高いとは限りません。

　フレックスタイム制は、職種や職場の環境によりその利用状況は異なります。フレックスタイム制が導入されていても、他部署からの問合せの多い職場では始業時から出勤していることが好ましいでしょう。また、同僚がフレックスタイム制を利用しない場合、自分一人が利用すると職場の方々と接する時間が限られてしまい、不都合が生じることも考えられます。まずは上司や同僚に確認してから利用しましょう。

　フレックスタイム制とは、月あたりの所定労働時間（1日の所定労働時間×月の所定労働日数）をあらかじめ定めておき、労働者はその枠内で各自の始業、終業の時刻を決定して働くことができる制度です。多くの会社では、例えば10～15時など必ず勤務すべき時間帯（コアタイム）を設定しています。月あたりの所定労働時間を下回ると不足分が欠勤・遅刻の扱いとなるため、労働者は実働時間の不足と時間外労働時間の超過にも気を配らなければなりません。

図3 フレックスタイム

例
- コアタイム ― 10:00～15:00（ただし12:00～13:00は休憩時間）
- フレキシブルタイム ― 始業7:00～10:00、終業15:00～22:00

（時）

7	8	9	10	11	12	13	14	15	16	17	18	19	20	21
フレキシブルタイム			コアタイム		休憩	コアタイム		フレキシブルタイム						

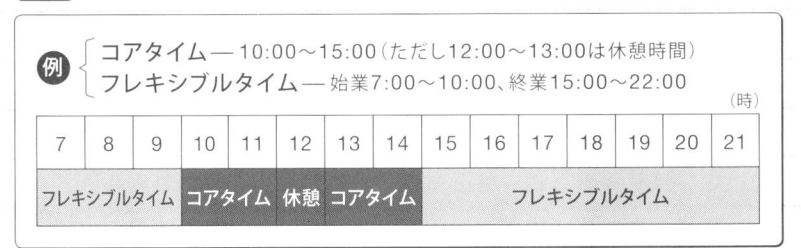

> **Q** 朝の出社時のあいさつは誰に対して行えばよいですか？

> **A** 入室時に職場全体に対してあいさつします。室内が広い場合は、自席付近で職場のチームの人たちに対しても改めてあいさつします。

　一日の仕事は、朝のあいさつから始まります。出勤途中で会社の人に出会ったら明るく「おはようございます」とあいさつします。そして、会社に到着して職場に入室するときに、皆に対して聞こえるように「おはようございます」とあいさつします。場合によっては、自席付近に着いたら、職場のチームの人たちにも改めてあいさつをしましょう。

　職場全体に対するあいさつのあと、職場のチームの人たちへのあいさつを改めて行うかどうかは部屋の大きさと人数により判断します。室内にいるのが職場のチームの人たちだけであり、すべての人に聞こえる環境であれば一度あいさつをすれば十分でしょう。室内が広く、大勢の人がいる場合は全体に声が届かないこともあるので、入室時のあいさつに加えて、チームの人たちへのあいさつも励行しましょう。

表1 時間帯・対象別のあいさつ

時間帯	社内の人	お客様
朝	おはようございます	いらっしゃいませ
昼	こんにちは	いらっしゃいませ
夕方	お疲れさまです	いらっしゃいませ
退社/退出時	お先に失礼します	ありがとうございました

　あいさつは時間帯（朝、昼、夕方、退社時）と相手（社内の人、お客様）に応じた使い分けが必要となります。

Q 職場の人とあいさつを交わしたあとに一言二言何か話しかけた方がいいですか？

A あいさつ以外にあなたが何か話しかけたい事柄があるのであれば、話しかけるのがよいでしょう。話すことが思いつかない場合は、笑顔であいさつするだけで十分です。

　発達障害を持つ人の中には、仕事に関する確認などの目的のある会話には不自由がなくとも、雑談を苦手とする人がいます。職場の人とあいさつを交わしたあとに、特に話したい事柄が思い浮かばないようであれば無理をして話しかける必要はありません。しかし、愛想のない印象を相手に与えてしまうのはよくありません。あいさつを交わすときには、笑顔やにこやかな表情を心がけましょう。

　職場の人との会話の基本は、職場で一緒に仕事をするメンバーとして良好な関係を維持することです。雑談もその手段の一つであり、雑談がある程度できた方がコミュニケーションの潤滑油になります。もし余裕があるのであれば、あいさつのあとに雑談をしてみましょう。

　あいさつのあとの雑談として無難な内容は、気候に関する会話やスポーツの話題などです。

　　自分：「昨日のサッカー日本代表戦、テレビで観ましたか？」
　　相手：「ずっと観ていましたよ。勝ちましたね！」
　　自分：「本当に勝ってよかったですね！」

といった具合です。仕事上で必要な意見を述べることとは違い、普段の会話では「相手を否定しない」「相手の意見に同意する」「相手の意見に共感する」という姿勢が大切です。

> **Q 電話やメールで、初めて接する人に対しても「いつもお世話になっております」と言うのはなぜですか？**

A あなたはその相手を直接的に知らなくとも、会社と取引のある顧客であれば社員であるあなたも実はお世話になっているからです。

　会社は製造した製品やさまざまなサービスを顧客に提供し、その対価として利益を得ています。その利益は会社の社員であるあなたの労働への報酬として、給与という形で支払われます。顧客に製品やサービスを利用してもらったことにより売上が上がり、その利益の一部からあなたの給与が支払われているということになります。あなたは会社の一員であり、あなたが「〇〇会社の〇〇でございます」と名乗るとあなたは会社を代表して相手に話すことになります。したがって、いつも会社の製品やサービスを利用してもらっている顧客に対して「いつもお世話になっております」「いつもご利用ありがとうございます」と感謝の気持ちを込めてあいさつすることは社員としての当然のマナーなのです。

　なお、「いつもお世話になっております」というこの決まり文句は、社外の顧客に対してだけでなく、社内の人に対しても用いられる場合があります。社内の人から「いつもお世話になっております」と言われたら違和感を覚える人もいるかもしれませんが、社内でも部署対部署で仕事の関係や連携があり、お世話になっていると考えられているからです。さらに、会社によっては社内の人へのあいさつは「いつもお世話になっております」ではなく「お疲れさまです」が用いられることもあれば、その逆で禁句とされている場合もあります。それぞれ職場の慣習や周囲の人に合わせて使い分けましょう。

Q 社内では朝や午前中の疲れていない時間帯でも「お疲れさまです」とあいさつするのはなぜですか？

A 「お疲れさまです」というあいさつは時間帯を考えずに使うことができ、目上の人に対して使っても失礼にあたらない、便利で無難なあいさつという理由で、多くの職場で多用されています。

　退社するときに「お先に失礼します」とあいさつする人に対して、周りの人が「お疲れさまです」と声をかけるのは自然な対応です。しかし、朝や午前中の疲れていない時間帯でも「お疲れさまです」と声をかけられ、違和感を持つ方は少なくないと思います。もっとよいあいさつがあるのではないかと考える方もいるでしょう。

　いつ頃から頻繁に使われるようになったのかはわかりませんが、企業によっては「お疲れさまです」という決まり文句があいさつとして使われています。時間帯によってあいさつを使い分けることは面倒なので、あいさつはこれ一つでいいという認め方もあるかもしれません。

　現在「お疲れさまです」は丁寧なあいさつであり、失礼ではない、という通念になっているようです。その背景には、現代社会では誰しも常に疲れきっているくらい熱心に働いているので、お互いに長時間よく働いていることを認め、「いつも忙しくて、お疲れさまです」と共感しあいたいという気持ちがあるのかもしれません。

　個人的な意見となりますが、「お疲れさまです」というあいさつを使う職場は、比較的体育会系の社風の企業に多いように思われます。そのように考えると、あいさつ一つにも共感性や協調性が求められているような気になるのですが、皆さんはいかがでしょうか？

Q 昼休みは一人で過ごしてもよいですか？

A 昼休みを一人で過ごしたい場合は、前もって上司や同僚に一言断りを入れておくと人間関係がスムーズになります。

職場によって昼休みの過ごし方はさまざまです。女性の多い職場などでは皆そろってお弁当を食べることや連れ立って一緒に食事に行くことを常としている職場もあります。一方、発達障害を持つ人の中には雑談を苦手とする人が多く、昼休みは一人で過ごしたいと思う人が少なくありません。また、昼休みは仕事の振り返りを行う時間として使いたいという人もいるでしょう。そのような場合は、上司や同僚に昼食を誘われたときなどに、次のように一言断りを入れておくとよいでしょう。

- 例１：「私は大勢の人の中で雑談をするのをやや苦手としています。申し訳ありませんが、昼休みは一人で過ごさせてください」
- 例２：「私は雑談をやや苦手としているのもありますが、効率的に業務を進めるために、昼休みは午前中の仕事の振り返りと午後の仕事の準備をする時間にあてたいと思います。そのため、昼休みは一人でお弁当を食べ、残り時間を準備の時間にあてさせていただけますか」

このように、自分でうまく伝えられるならそれに越したことはありませんが、自信のない人は支援者あるいは間に入ってくれそうな協力者に依頼して代わりに伝えてもらいましょう。

また、発達障害を持つ人の中には昼休みにすることが決まっていないとストレスを感じる人がいます。そのような場合は、支援者などに相談し、あらかじめ昼休みのスケジュールを決めておきましょう。

Q 集中力が続きません。勤務時間中に休憩をとってもよいですか？

A 入社前の面談で特性についての理解を得て、必要な配慮をお願いしておくことが基本です。入社後に勤務時間中に休憩をとる必要性が出てきた場合には、上司の許可をもらいます。

発達障害を持つ人の中には、自分の特性として集中力が続かないと自覚する方は少なくありません。入社前の面談では必ず「会社に配慮して欲しいことは何ですか？」と聞かれます（p.42 参照）。集中力がなく勤務時間中に休憩が必要だと思われる人は、あらかじめ休憩の必要な理由を説明し、具体的にどのような頻度でどのくらいの休憩が必要であるかを伝えておきます。

例えば、「長時間の作業を続けていると集中力が途切れ、ミスが発生しやすくなります。ミスが発生しないように午前中に1回5〜10分程度の休憩時間をいただくと、効率よく作業を進めることができると思います」という具合に伝えると、休憩をとることについて上司も承認しやすいのではないかと思います。

休憩をとることについて上司が承認した場合、次の2つのケースが考えられます。休憩をあらかじめスケジュールに組みこんでくれる場合と明確なスケジュールとはしないが承認してくれる場合です。後者の場合は「5分、10分くらいなら適宜自分で適当に休憩をとってください」と言われるかもしれません。周囲の方々が休憩なしに仕事を続けている職場において適宜自分で休憩をとる場合には、トイレに行く、水やお茶を飲む、などさりげない方法で休憩をとるのが好ましいでしょう。

Q 上司に相談で声をかけるタイミングがつかめません。

A 上司をよく観察し、時間的余裕があるころを見計らって相談しに行きます。相談を持ちかけてよい時間帯が自分で判断できないときには、職場の先輩に聞いてみるとよいでしょう。

　忙しい上司が部下から「ちょっといいですか？」と相談を持ちかけられて最も困るのが、たっぷり時間をとられてしまうことです。5分で済む話であれば「ちょっと」の範疇ですが、じっくりと相談に乗ってもらいたいときには上司のスケジュールを確認し、あらかじめ時間予約をするのがマナーです。もちろん至急の案件であれば、今すぐ確認したい理由を上司に告げ、判断を仰ぐ必要があります。

　多忙な上司に相談で声をかけるときの心得は、避けたほうがよいと思われる時間帯には相談を持ちかけないことです。

　具体的には、①重要な会議がある直前、②お客様訪問のための外出の直前、③昼食や飲み会に出かける直前、④用事があって急いでいるような業務終了間際の時間帯は避けたほうが無難です。また、⑤朝一番も上司にとってその日の予定の確認や調整を行う時間帯にあたるので、相談に適した時間帯とは言えません。始業時刻から30分～1時間ほど経過した時間帯で上司が自席や持ち場にいるようであれば、時間的余裕があるのではないかと思います。

　さらにもう一つ心得ておくべきことは、要点を絞って相談するということです。発達障害を持つ方の中にときどきみられますが、多忙な上司に対して自分の想いだけをダラダラと伝えることは避けましょう。

Q　上司に質問をしたら、「忙しいからあとにして」と言われました。いつ聞き直したらよいでしょうか？

A　質問内容の緊急度や重要度などを考慮して、聞き直すべきタイミングを判断しましょう。

　緊急度と重要度が最も高いケースとは、お客様からのクレームへの対応です。お客様からのクレームには最優先で誠心誠意の気持ちを持って対応し、解決しなければなりません。お客様の申し出の内容と状況を上司に一刻も早く報告し、対応策の指示を仰ぎます。

　次に緊急性が求められるのは、業務上の突発的な出来事の発生や変更などが仕事の納期や締切に影響を与えるおそれがある場合です。その際には、早急に上司に報告または確認し、必要に応じてスケジュール調整などを行います。

　さて、緊急度は低いけれども、あなた自身が仕事でどのように対応してよいかわからない場合やその答えがわからないと仕事を次に進められない場合を考えてみましょう。

　上司が「忙しいからあとにして」と言った理由が、上司にとって会議の始まる直前や来客、外出の直前など明らかに忙しい時間帯で、それに気づかずに相談を持ちかけていたとしたら以後気をつけましょう。

　上司が緊急の仕事を抱えていて手が離せない状況のときには、「お忙しいところ申し訳ございません。仕事のことで教えていただきたいことがあるのですが、手が空いたときにお声がけいただけますでしょうか？」とお願いしてみましょう。上司に時間的余裕ができれば、「今ならいいよ」など声をかけてくれるでしょう。

Q 上司が会議で席をはずしていることが多く、仕事のやり方について質問することができません。どうすればよいでしょうか？

A 上司に口頭で質問する機会がなかなか持てない状況であれば、メールで質問するなどの方法を考えましょう。

　多忙な上司に相談するタイミング（p.52参照）を見計らっていると、なかなか質問する機会が持てない場合もあるかと思います。その場合の対処法として、まずはメールで質問することを検討してみましょう。
　メールで質問する際には、簡潔に質問することを心がけます。また、わからないことをすべて丸投げして、すべて上司の判断を仰ぐというのでは成長ぶりがまったく感じられません。「こういった場合は、どのように処理するのがよいですか？」「自分で考えてこのように処理をしようと思いますが、これでよろしいでしょうか？」など、具体的に何がわからないのかを説明して、上司から指示や解決方法を聞き出しましょう。
　次に、上司に時間的余裕がなく質問のメールに対しても返信がこない場合の対処法となりますが、どうしても急ぎで上司の判断を得る必要のある案件が発生したときには、社内の会議に出席しようとする上司を追いかけて「どうしても至急判断を仰がなければならない案件が発生しました。会議室へ向かう間に歩きながら、指示をいただいてもよいでしょうか？」と声をかけて、仕事の指示などをもらう方法もあります。
　いずれの対処法においても、質問した内容は必ずノートに記録して、次回同じようなケースが発生したときには自分で処理できるようにしておきます。一つひとつの事例を知識として蓄積し、業務に対応できるようにしていくことで一人前の担当者に近づいていきましょう。

Q 自分のやり方で仕事をしたい場合はどうすればよいでしょうか？

A あなたのやり方で仕事を進めるほうがよい結果が出るのか、あなたが自分のやり方で仕事を進めることによって周囲の人に影響を与えることはないのかという視点で考えてみましょう。

　自分のやりやすい方法で仕事を進めたいと思う方は多いと思います。しかし、会社には職場のルールがあり、社員はそれぞれ担当する業務の成果を求められます。あなたの仕事はどんな仕事で、職場の中のルールはどのようになっているでしょうか？

　あなたの仕事があなた一人で完結できる仕事で、途中であなたのやり方で作業をしても決められたやり方と同じ結果（成果物および納期）が得られるのであれば自分のやり方を通しても問題はないでしょう。

　では、チームで業務を担当している場合はどうでしょうか。仕事の進め方についてすでに細かく手順などが決まっているにもかかわらず、あなた一人が違うやり方をすることによって、他の人の作業の混乱や効率の悪化を招くことは好ましくありません。例えば、仕事に使う資料や道具の置き場所の変更でさえ、仕事の効率化を妨げる原因になるのです。

　あなたが仕事をするためにどうしても自分のやり方で進めることが必要なのであれば、上司に自分のやり方で仕事をしたい理由を明確に伝え、自分のやり方で進めてよいか許可を得なくてはなりません。そして、上司があなたの申し出を承認し、職場のメンバーにあなたの仕事のやり方を承認したことを知らせた後、はじめて自分のやり方で仕事を進めることが公に認められます。

Q 「少々お待ちください」と言われた場合、どのくらい待てばよいですか？

A 電話をかけた場合や客先訪問時などビジネスシーンごとに目安となる時間は異なります。

　仕事上で取引先などに電話をかけたとき、電話を受けた人が「少々お待ちください」と言ったら、あなたが指名した相手を探してくれます。指名した相手が席にいて、すぐに電話に対応できる状況にあれば、そのまま電話を取り次いでくれるはずです。

　その他に想定できるケースとして、指名した相手が他の電話に対応中で、電話を受けた人が"もうすぐ電話が終わりそうだ"と判断した場合や、指名した相手が職場あるいは席にいても上司や同僚、部下などと仕事上の大事な話をしていて"手が離せそうにない"と判断した場合、「少々お待ちください」と言われ、待たされることがあります。これらのケースはいずれも指名した相手がその場にいるので、2〜3分待てば電話口に出てくれる可能性が高いでしょう。仮に3分以上経過したとしても、電話を受けた人が指名した相手を探しているので、そのまま待つしかありません。しかし、一般的には電話応対のマナーとして、お客様を長く待たせることは失礼な行為にあたるので、1分以上経過したあたりで、電話を受けた人から再度状況説明があるはずです。

　では、客先に訪問をしたときに、「少々お待ちください」と言われた場合はどうでしょう？訪問相手が自分の席から訪問者がいる受付もしくは応接室まで移動する距離や時間（例：エレベータを待つ時間など）を考慮すると、目安として5〜10分ほど待つのは通常の範囲内です。

Q 折り返しの電話がない場合、どのくらい待てばかけ直しても失礼にあたりませんか？

A 状況によりますが、急ぎの用件であれば１時間後にかけても失礼にあたりません。通常は、時間帯が変わった頃が目安です。

　仕事上で電話をかけて、相手から折り返しの連絡がないということはよくあることです。不在や多忙などさまざまな理由が考えられますが、急ぎであれば１時間後にかけても失礼にあたりません。電話の対応者に「急ぎのため、再度お電話させていただきました」と一言断りを入れると丁寧です。通常は、目安として時間帯が変わった頃、すなわち電話をかけたのが午前中であれば午後一番、夕方であれば翌朝などにかけ直します。相手が折り返しの電話ができない状況のときに何度もこちらから電話をかけるのは避けたいものです。

　また、担当者不在の理由が「会議中です」や「外出中です」などの理由であった場合、電話の対応者に指名した相手のおおよその戻り時刻を聞いて、その時刻に電話をかけ直すのも一つの方法です。

- **会議中の場合**：例「会議は何時頃までのご予定でしょうか？」
- **外出中の場合**：例「何時頃お戻りのご予定でしょうか？」「何時頃お電話を差し上げればよろしいでしょうか？」
- **確認して折り返しの電話をくれる場合**：例「どのくらいでお電話をいただけますでしょうか？」

　いつ電話をかけ直せばよいか迷ってしまうのであれば、このように戻り時刻などを尋ねて、あらかじめ折り返しの電話があると思われる時刻を予想しておくと安心して過ごせるはずです。

Q 私物の文房具を職場に持参して使用してもよいですか？

A 職場のルールに従います。個人所有の文房具を使用してよい職場であれば問題ありません。

　お客様に対応する職場などでは、それぞれが勝手に自分の使いたいボールペンなどを使うことによってお客様が混乱したり、不快に感じたりするおそれがあるため、私物の文房具の使用は好ましくないでしょう。また、私物の文房具を使用してよい職場であっても、職場や業界によっては、アニメなどのキャラクター物の文房具の使用は控えたほうがよい場合もあります。プライベートでキャラクター物のグッズを持つことは自由ですが、ビジネスシーン上では幼い考え方が残っている人のように判断されてしまいがちですので注意が必要です。その他、会社から支給されている文房具を、必要数以上に机の引出しの中に貯め込んでいないかを定期的にチェックする職場もあります。基本的には、個人的なものを不必要に引出しに入れておかないほうがよいでしょう。

　会社や業界によっては机の傍らにサイドキャビネットがなく、筆記用具以外の文房具を机の上に置いたままにすることを禁止している職場もあります。文房具の支給方法については、総務に申告してから受取る場合や事業所から本社総務へのFAXによる購入申請・承認の流れを経て購入できる場合などさまざまです。職場によって文房具の管理方法や購入のルールは異なり、やり方についてはそれぞれに理由があります。職場に配属されたら自分の私物を使用してよいかを尋ね、その職場のルールに従いましょう。

Q 新入社員である自分に「社会人基礎力」を求められても戸惑うばかりです。どうすればよいでしょうか？

A 誰しも初めは新人で、どう動けばよいかわからなくて当然です。しかし、一日も早く自分で考え自分で行動できるように努めましょう。

　経済産業省は、「職場や地域社会で多様な人々と仕事をしていくために必要な基礎的な力」として「社会人基礎力」を提唱しています。読み書きなどの基礎学力と職業知識や資格などの専門知識に加えた第3の能力として定義されました。これは、①主体性、②働きかけ力、③実行力の3要素を含む「前に踏み出す力」、④課題発見力、⑤計画力、⑥創造力の3要素を含む「考え抜く力」、⑦発信力、⑧傾聴力、⑨柔軟性、⑩情況把握力、⑪規律性、⑫ストレスコントロール力の6要素を含む「チームで働く力」の、3つの能力・12の要素から構成されています。社会人基礎力の高い人は就職活動で重視されるチャレンジ精神やコミュニケーション力があると言われており、企業は今後ますますこの力に注目していくと予想されます。しかし、これらは発達障害を持つ方が苦手とする能力ばかりです。

　産業構造の変化により日本の雇用環境は大きく変わってきています。企業は、入社後に研修やOJT（On the Job Training）で社員を育成してきましたが、昨今の雇用状況では新卒でも即戦力となる人材が求められています。誰しも最初はどう動けばよいかわからなくて当然です。しかし、このような能力が求められていると意識することで自分の行動は変わってくるはずです。そして、仕事のやり方を教えられた後は、一人で仕事をこなせるように努力していかなければなりません。

Q 残業することが好ましくないのはなぜですか？

A 残業によって会社側は時間外手当を負担することになります。不要不急の残業は避けてもらいたいというのが会社の基本的な考え方です。

　会社は残業（時間外労働）を行った社員に対して月の給与以外に時間外手当を支払わなければなりません。時間外手当は週40時間あるいは1日8時間を超えて働いたときに、通常の時間当たりの賃金の25％増しが支払われます。深夜時間帯（22時〜5時）はさらに25％増し、休日に勤務した場合は35％増しの休日労働手当が支払われます（労働基準法第37条「時間外、休日及び深夜の割増賃金」の定めによる）。

　一方、組織の要員は一人あたりの労働量と作業時間の想定のもとに配置され、あらかじめ人件費も計画されています。したがって、社員はできる限り残業をすることなく、時間内に担当の業務をこなすことが望まれています。もちろん突発的な残業が発生することもあれば、残業自体が恒常的になっている職場もあるでしょう。しかし、社会人としては効率的に仕事を進めることを念頭に、手の空いているときには先の予定の仕事を前もってこなしておくなど、毎月の仕事の流れを考えながら作業をこなし、忙しいときには優先順位の高い仕事から片付けていくなどの工夫をしなければなりません。

　一般的に残業をすることは、所定時間内にこなせないほどの仕事量がある、あるいは能力が低いために時間内に仕事を終えることができないと考えられます。特に後者の場合は上司によい印象を与えないことを知っておきましょう。

Q 特に事情がなければ、定時で退社してもよいですか？

A 上司から残業の指示がない限り定時で帰宅して構いません。ただし、仕事の進捗状況や職場の事情によって残業するかしないかの判断は異なります。

　入社前あるいは入社後に「この職場は残業のない職場です」と聞いていたとしても、繁忙な時期には残業して仕事を片付けることが必要な場合もあります。例えばアパレルメーカーであればセール開始前の時期、百貨店であればお中元やお歳暮の時期、そしてどんな企業でも決算期などは忙しい時期にあたります。繁忙期にはその日の分の作業を片付けてから退社するのが好ましいかもしれません。やり残した仕事があるのであれば、「ここまで片付けて帰ったほうがよいでしょうか？」などと上司に確認し、指示があれば残業します。残業した場合は、時間外労働として申告します。

　上司から残業の指示がある場合、「19時くらいまで残業してね」と言われることがあるかもしれません。その場合、上司は19時頃まで残業すればこの仕事が片付くであろうという推測のもとに発言しています。この場合の時刻はあくまで目安であり、残りの仕事を片付けて帰って欲しいと期待されていることを知っておきましょう。指定された時刻になり、まだ仕事が残っているときには「まだこれだけ仕事が残っていますが、退社してもよろしいでしょうか？」あるいは「すべて片付けてから退社するほうがよいでしょうか？」などと確認すれば、上司の意図に沿わない行動を避けることができるでしょう。

> **Q 周囲は皆忙しくしていますが、自分の仕事が済んだら帰ってもよいですか？**

A 自分の仕事が済んだら「お先に失礼します」と声をかけて周囲の人より先に退社しても構いません。ただ、帰る前に「何かお手伝いすることはありますか？」と声をかけると印象はよくなります。

　どのような仕事でも自分一人だけでこなせているわけではありません。上司や先輩、同僚など多くの人たちが仕事に関わっています。目に見えない協力や支援があって、一つのプロジェクトや業務が成し遂げられているのです。したがって、自分の仕事が済んだからといって足早に退社するのではなく、他の人に協力しようとする姿勢を見せることで、あなたの気遣いと協力が皆にも伝わり、信頼にも結びつくのです。

　とはいえ、あなたが余裕のないときにまで無理して残業をする必要はありません。余裕があるときで構いませんので、退社前に作業の完了報告を行うタイミングで周囲に声をかけてみましょう。他の人の仕事ぶりや進捗状況にまでなかなか気配りが行き届かないものですが、突発的な出来事で急な仕事が入り、人手が足りない状況かもしれません。あなたの一言で「ちょうどよかった。手伝ってもらえるなら、ぜひこれをお願いしたい」と頼りにされることもあるでしょう。

　このように、周囲の方々と円滑に仕事を進めていくためには、ちょっとした気遣いが大切です。自ら率先して「お手伝いしましょうか」と声をかけることにより、良好な関係がさらに深まっていきます。職場の人間関係は、ちょっとしたきっかけから作られていくことを知っておきましょう。

Q 障害者手帳の更新によって等級が変更になりました。会社に報告する必要はありますか？

A 障害者雇用枠で入社している場合には、報告する義務があります。会社により毎年障害者手帳のコピーの提出を義務付けているところもあります。まずは上司に報告し、提出の必要性の有無を確認しましょう。

✓ 手帳の更新

障害者手帳（精神障害者保健福祉手帳）の有効期間は、申請受理日から2年間（2年後の月末まで）です。更新を希望する方は、更新申請の手続を行う必要があります。更新申請は有効期限の3ヶ月前から行うことができ、更新が認定されると有効期限の翌日から2年後が新たな有効期限となります。障害者雇用枠での採用の場合、手帳を持っていることが条件となるため、手帳の更新を忘れないようにしましょう。

✓ 等級の変更

障害者手帳の有効期限内でも、精神障害の状態の変化などによって、手帳に記載された障害等級以外の障害等級に該当したときは、障害等級の変更申請を行うことができます。障害等級の変更が認められた場合、有効期間は、変更決定の日から2年間（2年後の月末まで）となります。

等級が3級から2級に変更になった方から、「主治医からは特別な説明はなかったのですが、上司にどのように説明したらよいでしょうか？」と相談を受けたことがあります。それに対して「主治医から特別な説明はありませんでしたが今回このように等級が変わりました、とそのままお伝えしてはどうですか」と答えました。相談者の方からは「そのとおりに伝え、特に問題はありませんでした」という報告を受けています。

Q 職場の人に年賀状は出すべきですか？

A 基本的には職場の慣習や前例に従います。上司や職場の先輩などに話を聞いて判断しましょう。

　最近は、民間企業でも虚礼廃止が叫ばれ、社内の人には年賀状は出さないという慣習にしている会社も出てきました。「虚礼廃止」とは、実用日本語表現辞典によると「形だけで心のこもっていない、意味のない儀礼はやめる、という意味の表現。年賀状や賄賂に繋がる政治家への中元などについて言う場合が多い」とあります。社員同士の虚礼は廃止という会社でも、本当にお世話になった方に年賀状を出しては絶対にダメというわけではありません。物事には本音と建前がつきものです。実情を把握するには、職場で相談しやすい先輩に聞いてみるのが一番です。

　住所などの個人情報が開示されていない職場では、上司や先輩に「今年一年お世話になりましたので年賀状を出したいのですが、住所を教えていただけますか？」と直接聞いてみるのも一つの方法です。住所を教えてもらえれば、年賀状を出してよいということです。「当社は虚礼廃止になっているから出さなくていいよ」という返事なら、会社としての虚礼廃止のルールに全面的に従います。

　最近は年賀状以外にもクリスマスカードや年末年始の時候のあいさつのカード、新年のあいさつのメールなど、日頃お世話になっている感謝の意を伝える方法は多様化してきています。社会の変化とともに習慣も変わるものです。何を選択すべきか自分一人で考えてみてもわからないときには、職場の上司や先輩に聞いてみるのが基本です。

さら就労塾＠ぽれぽれの取組み

特定非営利活動法人さらプロジェクト
就労移行支援事業所さら就労塾＠ぽれぽれ 経営責任者　**佐藤智恵**

◎ さら就労塾＠ぽれぽれとは

　就労移行支援事業所「さら就労塾＠ぽれぽれ」（以下、さらぽれ）は、働く力をつけたいと願う障害のある方に、企業で必要とされる業務能力を習得する訓練の場として2007年に開設されました。知的・身体・精神の３障害を持つ方を対象としていますが、2012年９月１日時点の３事業所計84名の登録者のうち85％が精神の方で、池袋・秋葉原の事業所ではおよそ1/3の方が発達障害と診断を受けています。

　私たちの支援プログラムは、働くための「３つの力」＝「知育」「徳育」「体育」を身につけるためのカリキュラムを編成しています。これらは発達障害を持つ方に特化した内容ではありません。しかし、前書『発達障害の人のビジネススキル講座』でも紹介されているビジネススキルは、その多くがさらぽれの訓練にも取り入れられていることから、私たちのプログラムが働く力を身につけるにあたって普遍性を持つものと確信しています。以下、さらぽれのカリキュラムを紹介します。

◎ カリキュラム① 「知育」

　「知育」では、職場で必要とされる業務能力の習得を目指します。
　現在のオフィス業務にはパソコンが欠かせません。さらぽれでは、「基礎コース」でワードやエクセルなどのビジネスアプリケーションの操作方法を習得したのち、「就職準備コース」で上司役の指導員が

口頭やメールで出す指示に従って業務に取組みます。指導員は大学や企業で専門的な知識を身につけたスタッフで構成しており、「メモをとる」「復唱して確認する」「進捗を報告する」「不明な点は相談する」「終了報告をする」といったビジネスの基本を身につけます。

訓練は一人1台のパソコンを使い、社内ネットワークの利用を想定した業務の進め方やルール、ファイル管理の基礎、ネットワークの仕組みを学びます。また、ビジネスメールの基本やルール・マナーについても実地訓練で習得します。その他、情報セキュリティについて、その意義から媒体の管理、パスワードの管理まで企業で必要とされるレベルを意識して行っています。これらの指導にあたっては、単にやり方を知るだけではなく、自分で考えて取組む姿勢や応用力を養うために、「なぜこうなっているのか」「なぜこうしなければいけないのか」の原理原則を理解してもらうことに重点をおいています。

その他、不得意な人が多い電話応対については、訓練後に事業所の電話当番を担当してもらうことで、伝言メモのとり方や伝達の仕方の腕前を上げてもらいます。始めは失敗もありますが、慣れてくれば安心して任せられるようになります。また、休憩のとり方（仕事の区切りごとあるいは時間ごと）も訓練中に会得してもらいます。

◎ カリキュラム②「徳育」

「徳育」では、企業で働くことの理解を目標にしています。すなわち、「仕事とは何か」「企業とは何か」「組織とは何か」「そこで働くには何が必要か」を理解し、企業で働くために必要な考え方＝仕事観を身につけ、やり方を習得します。

1週間に一度、12回にわたって、仕事や人間関係のことで悩む新入社員の事例をもとにグループで討議し、どう考えたらいいのか講師とともに掘り下げていきます。コミュニケーションに悩む発達障害の

方でも、相手の言い分を聞き自分の考えをわかりやすくまとめて伝え、グループで結論を出していくプロセスは、時間をかけるだけあって腑に落ちるようです。

具体的なテーマとしては、「貢献による報酬」（貢献＝結果を出すことの重要性）、「職業人」（企業の発展に貢献するスキルの構築）、「人間関係」（目標達成を基本とした関係構築）、「組織活動」（職場のルールと相互連携）、「仕事を通じた自己実現」などを取り上げます。これらの討議を通じて、職歴のない人は学生時代との違いに気づき、職歴のある人はこれまで体験的にあるいはマスコミなどから得た知識で培った自分の考え方に別の角度からアプローチすることになります。

その他、職場のあいさつや社内伝達の仕方、受付応対・訪問応対、電話応対、職場のマナーなどは繰り返しのロールプレイングで習得します。ここでも「なぜ」がきちんと腑に落ちていると継続できます。名刺交換にしても、所作の一つひとつに意味があり、それを理解したうえで覚えるようにします。

以上の「知育」と「徳育」は並行して訓練を行います。1クラスは6〜7人で構成され、参加者同士のつながりが徐々に強くなり、チームワークが形成されます。基礎コースの最後に行われる1ヶ月間のグループ学習では、機関誌の発行、企業見学会や成果発表会の企画・実行などの課題が出されます。会議でリーダーを決め、実行内容を洗い出してスケジュール化と役割分担をし、進捗チェックをしながら進めていく。それまで培ったパソコンスキルやコミュニケーション力、チームワークのすべてが結集されます。

◎ カリキュラム③「体育」

「体育」では、主に職場で行えるストレッチを学びます。デスクワークは使う筋肉が限られ、パソコン操作は肩がこります。「体育」で会

得した方法で、自宅や休憩時間に体をほぐし、健やかな職業生活を送ることを期待しています。

その他にオプションメニューとして「ペン習字」があります。達筆までは要求されなくても、電話・伝言など職場のメモには「正確に読める」字を書くことが必要です。２週間に一度専門の講師について練習しています。

◎ 働く力＝就労継続の力

「知育」「徳育」「体育」による働くための「３つの力」を身につけた頃には、企業で戦力として評価される力は充分についています。各々自信が出てきたところで、就労活動を開始します。始める時期はさまざまで、３ヶ月の人もいれば１年後の人もいます。結果が出るのも幅があります。

さらぼれの就労支援のコンセプトは「就労はさせてもらうものではなく、自ら決意を固め行動することで実現する」です。

私たちは就労を山登りに例えています。さらぼれの「ぽれぽれ」はスワヒリ語で「ゆっくり焦らず」という意味です。アフリカのキリマンジャロに登るとき、現地のポーターは登山者に対し「ぽれぽれ」と声をかけながら登っていくそうです。標高6000m級の山では少しずつ体を慣らしていかないと途中高山病でダウンしてしまうからです。

就労も同様です。登るのは自分自身であって、自らが体力をつけ、生活リズムを整え、知識やスキル・判断力をつける準備をしなくてはなりません。私たち支援員はあくまでポーターであり、「ぽれぽれ」と声をかけながらともに登ります。

そして、就労はゴールではなく、その先には尾根歩きに似た就労の継続が待っています。働く力とは、就労継続の力なのです。

月に一度、卒業生が集う夕食会では職場のさまざまな話題が上がり

ます。努力して得た勤務先はかけがえのないものなのでしょう。これまで89名が就労し、62名が就労し続けています。つらかったことやうれしかったことすべて含めて働く喜びのようです。その話を聞くことが、さらぽれ職員＝ポーターの仕事の喜びです。

◎ 働く自信を持つために

　冒頭でも触れましたが、さらぽれのカリキュラムは発達障害を持つ方のハンディキャップに特化していません。しかし、発達障害を持つ方が働く自信の形成には役立っているようです。発達障害を持つ方にとっても、訓練の内容が職場のシミュレーションとなって、そこで要求される言動なども含めて仕事に関する豊富なデータベースが構築できるからかもしれません。

　就労支援を受ける選択の幅は、以前よりも広がってきました。あきらめずに自分に合った訓練機関を探してみて欲しいと思います。

第2章

曖昧な指示への
Question

上司の曖昧な指示

　多くの企業で求められる人材像として、自分の意志を正しく伝えて相手に理解させる、そして相手の意図を的確に読み解くという高いコミュニケーション能力を持つ人が挙げられます。しかし実態としては、多くの言葉を用いるというよりも、"あうんの呼吸"と呼ばれるような感覚的で属人的な意思疎通と、相手の意思を"察する"そして相手を"促す"ことを必要とするコミュニケーション能力が求められています。これは定型発達の立場から見ても、とても難しい要求です。

　そこまでの高い次元で意思疎通を図ることは大変難しく、ときには理解の相違から上下関係だけでなく、さまざまな人との関係を悪化させ、組織内の連携不足から業務にまで影響を与えることもあります。また、それに伴うストレスからのメンタルヘルス不全、職場不適応へと進むこともあります。一方、上司など管理職も含めた多くのビジネスパーソンがこれらの課題に気づき、風通しのよい組織改善、結束力の高いチームビルディングのために、改めて言葉によるコミュニケーションスキルを身につけようと時間と手間をかける動きが見られます。もし、これらの実効力が発揮されれば、発達障害を持つ社員との意思疎通も幾分変わってくるという期待もありますし、実現できる職場は柔軟な管理能力を有すると見なされますが、まだその域には達しておらず、依然として職場のコミュニケーション不全という課題は多く存在しています。この章では、主語がない、不明瞭な程度の表現、理由や根拠の説明不足、他意の含みなど、発達障害を持つ人が解釈に戸惑うフレーズを取り上げ、それぞれどういう意味を持ち、どう解釈したらよいかを解説します。

Q 「任せるから頼むよ」

A 直前まで上司と話をしていた内容について、担当するようにという指示です。さまざまな話をしていると、どの話について依頼されているのかわからなくなる可能性があるので必ず聞き直すようにしましょう。

このような指示をされると、「いきなり頼むと言われても、何を任せるつもりなのだろうか？」と疑問に思う方は多いと思います。肝心な目的語が抜けていて、頼むと言われても何のことだかさっぱりわからず、返事のしようもなくて戸惑う人もいるかもしれません。

他にも同じような表現で、「じゃあ、頼むよ」「では、よろしく！」などがあります。これらの表現には、直前まで上司との間で話し合っていたことについて、あなたが担当者となって仕事を進めて欲しいという意味が込められています。しかし、さまざまな話におよんでいた場合、どのことを指しているのかわからなくなる可能性があります。上司との間でそれぞれ異なることを思い描いてしまい、上司が依頼したい内容とあなたが受けたと思っている内容が違っては大変です。そのまま、先に進めてしまうと結果的に「これじゃないよ！何を聞いていたの！」と叱られることになります。無駄な作業に時間を費やすことになって、仕事の遅延が起こり、会社として大きな問題になることもあります。

どんな形の指示であれ、仕事の依頼を受けたときには「私が行うことは○○のことですか？」「どの話のことになるのでしょうか？」と、必ず確認をしましょう。ビジネスシーンでは、曖昧に感じることは必ず確定させておく必要があります。

Q 「できるだけ早くやってね」

A 優先順位が高く、完成を急いでいることを表します。期限がはっきりと示されていないので、確認する必要があります。合わせて現状スケジュールの再構成も必要になる場合があります。

このような指示が出た場合、指示された仕事や作業に早く取りかかるべきことは判断できても、「できるだけ」という表現の意味がよくわかりません。そのままの意味に解釈すると「可能な限り」ということで少し緩やかさを感じますが、本当のところは「必ず」という意味を含んでいる場合があります。「やってね」も〝作業に取りかかること〟と〝終わらせること〟のどちらの意味も持ち合わせます。つまり、「早く始めて早く終わらせて」ということです。数値的には業務に依存し、認識に個人差があるため、始めるといっても〝今すぐ〟〝今日中〟〝明日から〟と捉え方はさまざまです。ただ何日も、何週間も先というわけではありません。他にも「極力早めに」などの表現があります。

加えて、「できるだけ早く」というのは、どの程度早くしないといけないのかわかりにくい表現で、期限がはっきり示されていません。したがって、他の業務も抱えている場合は、いま進行中の作業はどう扱えばいいのか、他にある複数の作業との優先度や作業配分をどうすればいいのかなどと迷う前に、必ず期限を確認しましょう。指示した人が曖昧な予定でしか考えていなかった場合は、この機会に期限を決めてもらいます。同時に、他の作業期限を照らし合わせながら、優先順位をつけ直して、スケジュールの再構成を相談しておきましょう。

Q「適当にやっておいてね」

A 何でも好き勝手にやればいいのではなく、自由度がある部分は個人の判断に任せるが、最低限決められている約束ごとや決まりは守ったうえで作業を実行するようにという意味があります。

「適当に」と聞くと、自分が思うように好き勝手にこなせばいい、別に作業をしてもしなくてもいいような印象を受ける人もいるかもしれませんが、決してそういうことではありません。万が一何もしなかったり、本来ならミスや不具合と捉えられることを行ったりすると、当然、後で問題になります。「適当にやる」とは、作業の手順や仕事の完成度など自由に任せてもらえる部分があれば、そこを自分にとって効率のよい手順にしたり、規定以上に完成度の高い結果を出せるように工夫したりしてもよいということで、それ以外の部分については従来どおりに指示や決まりごとを守らなければなりません。自由がきくのはどの部分かについては判断が難しいので、上司に確認するしかありません。

他にも「だいたいでいいから整理しておいて」や「好きなようにやっておいて」（p.82参照）の「だいたい」や「好きなように」も同じ意味を持つフレーズです。言葉のまま自分の都合のいいように捉えるのではなく、何事にも守らなければならないところはあるということです。

なお、「適当に」とは、他に「まんべんなく」「平均的に」という意味もあります。用例としては「適当に配っておいて」などと表現され、この場合、配布先によって配布量が多い少ないがあってもいいというわけではなく、均等になるように配ることを指示しています。

Q 「きちんとしてね」

A 指示したとおりに、決まりごとを守って仕事をしてくださいという意味があります。

「きちんと」とはどういうことなのか、「してね」と言われても何をしないといけないのか……。どういう風に何をして欲しいのかが省かれているフレーズのため、発達障害を持つ人の中には意味がつかめない人もいるかもしれません。

「きちんとしてね」とは、上司などがこのフレーズの前に話したことやすでに指示したことを指し示して、指示した取り決めや期日、約束ごとを守って取り組んでくださいと呼びかけています。加えて、「きちんと」には、「怠らず」「丁寧に」という意味も含まれています。つまり、「指示されたことを守り、丁寧にミスがないように確実に、真面目に取り組んでください」ということを表しています。他にも、指示したことを部下が守らなかったり、できていなかったりしたときに、上司が部下に対して注意するときや叱るときに使うフレーズです。どこか守らなければならないことがあるのに、それを見落としているので、「ここができていないよ、早く気づきなさい」という思いが含まれています。発達障害を持つ人は、人の気持ちをくみ取ることを苦手としているため、相手が注意していることや怒っていることに気づきにくいかもしれませんので、このようなフレーズの意味もきちんとおさえておきましょう。

同じような意味で使われる用例として、他に「ちゃんとやっておいてね」「しっかりと取り組んでください」というフレーズがあります。

Q 「受付で立っていればよいから」

A 受付で何もしなくてよいのではなく、実際には何らかの役割があって、その担当作業に従事するようにという指示です。どのような役割や作業を担うのかをあらかじめ確認しておく必要があります。

　イベントなどの催事が行われる際、人員確保がうまくいかず、受付係の欠員を補うために臨時で受付係を任せたいときに使われるフレーズです。依頼する人としては難しい手続きや作業をして欲しいとは思っていませんが、何らかの役割を担って欲しいという前提で発言しています。言葉どおりに鵜呑みにせずに、そこで何らかの仕事を任されることを念頭に置いておきましょう。また、その役割が依頼する人にとっては難しくないことでも、頼まれた本人にとっては実は困難で対応しにくいことかもしれません。この場合、例えば来場者の参加確認をとる受付業務だけでなく、接客や案内係も兼ねたコミュニケーションスキルを要する仕事かもしれません。重要度は低いと言われても、仕事であることには変わらず、手を抜くような不真面目な行動やミスは許されません。

　これと同じようなフレーズで、「受付で座っていればいいよ」や「ここにいてくれればいいから」などがあります。単に椅子に腰をかけ、ただいればよいわけではありません。最低限やる仕事があるのです。

　仕事を引き受けるからには、実際に何をするのか、最低限すべきことは何か、覚えておくことは何か確認しておきましょう。そして、自分では対応しきれないことが発生した場合、対応策を相談するために、担当者名と連絡先も聞いておきましょう。

Q 「この仕事はそのうちでいいから」

A 依頼者にとって優先度の低い仕事である場合に使われるフレーズです。とはいえ、仕事には期限がつきものです。必ず期限を確認します。それを元にスケジュールの再構成を相談して進めていきましょう。

依頼する人にとっては、急いでいるわけではないが、でもいつかは終わらせなければならない優先度の低い仕事に関する依頼です。

いつから始めて、いつ完成させればいいのかわからない表現なので、指示を受けた人は不安になるかもしれません。また、日程が決まっていないと受ける側としては優先度がつけにくいので、他の業務との配分調整ができるかどうかさらに心配になる人もいるでしょう。

このような依頼を受けた場合には、必ず「期限」と「分量」を確認のうえ、現在自分が抱えている仕事の状況を説明し、スケジュール調整の相談を持ちかけます。もし期限が曖昧であれば、「〇月×日頃までにできていればよろしいですか？」と逆に期限の仮指定をして、おおよその目安を得るとよいでしょう。

このフレーズとよく似た表現で、「いつでもいいから空いているときに」や「暇なときにやってね」などがあります。字義どおりに受け取ってしまうと、「本当にいつでもいいのか？」「スケジュールは詰まっているから暇なときと言われてもどうすればいいの？」「このような指示では実行してもしなくても同じだ」などと思うかもしれませんが、上述したフレーズと同様に、期限を確認してスケジュールの中のどの位置に組み入れるかを依頼者や上司と相談して決めるようにしましょう。

Q「もうちょっとな感じ」

A 仕事の結果としてはほとんど完成しているが、もう少し工夫や改善の余地があるのではないかという物足りなさを表しています。どのあたりが物足りないのかを聞いて指摘を受けておきましょう。

　依頼者からの指示どおり、仕事の約束ごとも確かに満たされてはいるけれども、依頼者が何かしら物足りなさを感じていたり、よりいいものができる可能性があると思ったときによく発せられる言葉です。

　例えば、帳票やデザインなどの制作を依頼された場合、依頼にあった約束ごとについては漏れもなく抜けもなく、忘れていることもなく完成はしていても、依頼者からはもう一つ納得のある返事が出なかった。「一応、お願いしていたことはできているけど、何か物足りない。もうちょっとな感じがする」といった感想が返ってくることがあります。

　「もうちょっと」というのはどの程度のことかわかりにくく、個人によっても異なるので数値にはしにくいと言えます。上記の例の場合であれば、どの部分に物足りなさを感じるのか、修正の希望があるのかをヒアリングして解決します。感覚的なものなので直す部分を的確に示せない場合や具体的な改善案を聞き出せない場合もあるかもしれません。こちらから提案できることがないのであれば、あとは依頼者の指示を待つしかないでしょう。そして、具体的に「この部分を○○して」「全体に○○してみよう」と指示があれば、その指示に従います。

　他にも「あと一歩かな」や「何か足りないなぁ」「もう少し付け加えて欲しい」などの表現があります。

Q 「センスよく作ってね」

A 利用者や周囲の人のことを考えて工夫しながらも、基本は指示された約束ごとに従って仕事の成果を出してくださいという意味です。

　センスがいいと聞くと、「見栄えがいい」「使い勝手がいい」「おしゃれ」「かっこいい」「雰囲気がいい」などの感覚的な部分を想像しがちです。確かに見た目がよいことに越したことはありませんが、それだけがよくてもダメです。基本的には、指示された決まりごとに忠実に従わなければなりません。感覚的な表現には、他にも「いい感じで作ってよ」「よさげな感じで」などがあります。

　よくあるケースとして、ある業務の管理帳票の制作を依頼され、指示された仕様や約束ごと以上のものを作ろうと考え、「さまざまな工夫や機能を付け加えて便利にしよう」「高機能で使い勝手のいいものにしよう」と制作する人がいます。しかし実際には、複雑すぎて誰も使えない代物になってしまったり、評価が悪かったり散々な結果になってしまったという事例があります。

　これは実際に陥りやすいことで、自分にとってよいことでも、周りの人にとってはそれほどよいことではないかもしれません。自分の視野の狭さを露呈させてしまうことにもなります。指示されたルールの基本を守ったうえで、おまけとしてよくする程度と考えるようにしましょう。仕事に限らず、すべてにおいて自分本位にならず周囲の人のことを考える姿勢は大切です。このような気づかいを持って仕事をこなすことは、「センスがいい」と評されるポイントの一つになります。

Q「好きにやってくれていいから」

A 本当に自分の好き勝手に行えばいいわけではなく、許された範囲の中で自分なりに考えて実行してくださいという意味です。

　言葉のとおりに受け止めると、「課せられる条件もなく、自分が思うままに指示されたことを行えばいい」と思ってしまうかもしれませんが、実際にはそうではありません。自分の好きなように実行すると、「勝手なことをするな！」と怒鳴られることにもなりかねません。指示された仕事を遂行するために、周囲に迷惑をかけず、決まりを守りながら目的を達成しなければなりません。例えば、新商品の企画書を作る仕事で、上司から「好きなようにやればいい」と言われた場合、時間も手間もかけたくないから他の人がすでに考えたものをいくつか継ぎはぎして作り上げたのでは、上司から叱られるのは当たり前です。好き勝手にやればいいとか、体裁を整えればいいというのではありません。ここで自由にできるとすれば書面上での表現方法のことで、それ以外のことはルールやモラルに基づいて行うことが求められます。

　会社という組織には、職務を遂行するにあたっての作法となるルールやモラルが存在します。それらを無視することはよくありません。ただ、そのルールは明文化されていないことが多く、目で見てわかるものでもありません。自分なりによかれと思って実行したことがすべてよいというわけではないので、その都度どこまでが自分の采配として許されるのかを確認しておくことが大事です。よく似たフレーズで「適当にやっておいてね」（p.76参照）もあります。

Q 「例のあの件、どうなった？」

A 指示された仕事の進捗や様子を聞くための問いかけです。ただ、どの案件のことを指しているかは、問いかけてきた人との関わりで接点となる案件のこと、上司ならば直近の案件と見込みをつけてみましょう。

　職場で頻繁に飛び交うフレーズの一つです。「例の」「その」のように業務の名前を示さずに抽象的な表現で示し、その状況を問い合わせるものです。発達障害を持つ人の中には、物事の前後のつながりを"想像する"ことを苦手とする人がいます。このような特性を持つ社員が、「例のあの件、どうなった？」といきなり報告を求められたら、どの業務のことを聞かれているのかイメージできずに、戸惑うことでしょう。

　問いかけてきた人や上司にとっては、自分との接点となる業務、その中でも直近の案件もしくは何らかの事情があって関わりが深い案件のことが気になって問合せてきます。例えば、仕事で複雑な処理があったため先輩や上司に相談して段取りを工夫してもらったり、業務進捗が思わしくなく顧客との調整役として入ってもらったり、自分が担当している業務の取りまとめ役になっているなど、業務に大きく関わりがあれば、彼らがその案件を気にするのは当たり前です。

　報告をする場合は、関わりのある案件についてまずは答えてみましょう。「〇〇の件ですか？」と問い直して、そうであれば状況を説明します。間違っていたら、「申し訳ありません。△△の件ですね」と振り直します。自信がなければ、想像しにくいことを丁重に伝えて、どの案件のことかを教えてもらいましょう。

Q 「自分が思うよりできているよ」

A 指示された仕事の成果について、自分が予想していた以上によい評価であることを意味します。

　例えば、ある業務を担当したとき、期限を守り、仕様どおりに成果物を仕上げたとします。その結果を上司が見て、「この結果について、あなたはどう思いますか？」と聞かれ、担当した自身としてはよいとも悪いとも見極めがつかなかったので、曖昧な返事をしたところ、上司から「そんなに悪くはないよ。自分が思っているよりよくできているよ」と言われることがあります。上司の考えとしては、「仕事を担当した本人は、実は満足しておらず少し心残りもあり、後悔の念があるのでは？」「結果の見極め判断ができていないのでは？」などと感じられたために、励ましの意味を込めて表した言葉となります。「あなたが感じられているほど悪い結果ではありませんよ」ということです。

　本来ならストレートに「よくできています」とほめればいいところですが、上司と担当した本人との間で仕事の結果評価にギャップがあることを示す意味で、このような表現を使う場合があります。悪い評価ではないので、基本的には気にする必要はありません。ただし、発達障害を持つ社員が仕事の指示を受けたときに、そのゴールとなる完成形がイメージできず、結果的に的外れな結果になることもあります。お互いの認識をすり合わせることや相手の考えていることを理解することも仕事をするうえでは大事なことです。相手が求めていることが何なのか確認することを忘れないようにしましょう。

Q 「誠意をもって対応する」

A 相手が求めていることを正確に理解し、まじめに取り組むこと、求める結果を出すことを意味します。

　上司から「お客様に対して誠意をもって対応するように」やお客様からのクレームの中で「誠意を示せ！」などというフレーズを耳にすることがあります。
　では、「誠意」とはいったい何でしょうか？　誠意の言葉の意味は、嘘偽りのない心、真心という意味ですが、これをもって行動することはどういうことなのでしょうか？
　理解するのに大変難しい言い回しですが、「相手が求めていることに応えるため、手を抜かずにまじめに取り組んで、相手が期待している結果を出す」ということが一番わかりやすい表現かもしれません。つまり、人と向き合うこと、話はよく聞くこと、自分がやらなければならないことが何なのか理解すること、その期待に応えるためにまじめに仕事に取り組むこと、そして相手が望んでいる結果を出すように努力することを意味するということを覚えておきましょう。
　発達障害を持つ人の中には、「誠意がない」「足りない」と言われて、相手が何を求めているのかさっぱりわからず、具体的に何をすればいいのかわからなくなり、自分を見失ってあわてる人もいるかもしれません。特にお客様からのクレームだった場合には、対応にも細心の注意が必要とされます。そのようなときには、上司や周囲の人に状況を説明し、対応を任せるのが無難です。

Q「やることわかっているよね」

A 自分に課せられた役割や果たすべき仕事を理解しているかどうかを問うもので、自分と上司が考えていることに違いがあることを伝えています。もう一度、自分の行うべきことを確認する必要があります。

　上司が思い描いていた結果が部下から出てこなかったとき、わかっていて当たり前と思われる質問を部下がしてきたとき、本当に指示した内容を理解しているのかどうかを聞きたいときなどに、上司はあなたにこのようなフレーズで問いかけをします。自分では上司の指示や仕事内容を理解しているつもりでも、上司から見ると「何か変だぞ？」「ずれているぞ」と感じられることがあります。発達障害を持つ人の中には、イマジネーション（想像力）に支障がある人もいるため、それにより相互のすれ違いが起こります。所属する部署や職種の役割、実際にどんな仕事をし、職場が行うこと、周囲の従業員が行うこと、自分が行うことがイメージできないために起こることです。

　社会人として必要なスキルの一つに、「周りを見て、自分で考え、行動できるように」ということが挙げられます。あうんの呼吸ほどではないまでも、一言いえばすべてを察して行動できることが望まれています。発達障害を持つ人の中には、周囲の動向変化から情報収集をしたり、その情報を元に先読みをしたりすることができないため、自発的行動を苦手とする人もいます。上司や職場の特性理解も必要ですが、あなたの役割として、特性への理解を伝え、仕事の全体像や目的、周囲との関係性の説明を上司に求めていくことも大切です。

Q 「ちょっと鏡を見てきて」

A 顔に何かついていたり、他に身だしなみで気になったりする部分がある場合、鏡を見て直してくるようにと指示をしています。その場を離れ、鏡を見て身だしなみを整えましょう。

周囲の人が小声でさりげなく、このフレーズを言ってくることがあります。これはあなたの容姿で気になる部分、例えば顔にごみや汚れがついていたり、鼻毛が出ていたりなど、ちょっと恥ずかしいことであからさまに指摘すると「本人が傷つくかもしれない」「人前だと恥をかかせるかもしれない」と思われるときに、それとなく注意を促して気になる部分に気づいてもらい、キレイに繕ってもらうことを意図しています。場合によっては、指摘する人がジェスチャーで自分の顔の一部を指さして教えてくれることがあります。その場合、「ここに何かついているよ、身だしなみに注意して！」という意味が込められています。いずれも、指摘した人はおかしな部分をはっきりと指摘することもできますが、大勢の人が見ている手前、直接指摘してしまうと本人がかわいそうだとの思いやりから、お手洗いや休憩室に行って、鏡を見て身だしなみを直して欲しいと思っています。

その他、「もう一度よく考えてきて」や「出直してきて」というフレーズがありますが、これらは容姿を見直してきてという意味ではなく、ダメ出しを意味しています。仕事の完成度をチェックしたけれども、OKと認めるには達していない、まだ考え見直す余地があるということを意味しており、さらなる努力や再考を促しています。

Q 「いま食事中だから、その書類は見られないよ」

A 言葉どおりの意味だけでなく、時と場と相手の都合を考えて行動するようにという注意の意味も含まれています。もう一度タイミングを見計らって出直してくるようにということです。

「上司にいますぐ書類を確認して欲しい」「仕事の依頼主が早く返答を欲しがっているから」といって、上司の状況を考えずに、自分の都合だけを優先させて、思い立ったタイミングで問合わせをするのは好ましくありません。なぜなら、相手も仕事を持ち、他にも用事があります。いつも自分のために時間を割いてくれるとは限りません。営業などで外出しようとしているとき、打合せなどの会話中、電話中、そして食事中などは、自分が聞きたい、確認したいだけで相手を呼び出したり、話に割り込んだりするような無理強いを通すことは避けましょう（p.52参照）。

仕事に関する質問は、就業時間内に上司が自席や持ち場にいるときに行うのが基本です。上司の予定や業務中の様子を見ながら、いま話を聞いてもらえる時間があるかどうかの質問から始めて、よければ自分の要件を伝えて指示を仰ぎましょう。

しかし、上司が多忙で自席にも職場にもいる機会が少ない場合、「昼休み中だけれども、この機を逃すと次いつ会えるかわからない」「仕事の期限に間に合わない」「このままだと進まない」というほどの緊迫感のある場合には、相談・問合せのための時間を別途もらうことの約束だけをもらいます。その際には、時間を割いてもらうことへのお詫びと感謝の言葉をまず先に伝えることを忘れないようにしましょう。

郵便はがき

101-0062

東京都千代田区
神田駿河台一の七

㈱ 弘 文 堂

愛読者カード係

恐れ入ります
が切手をお貼
り下さい

ご住所 〒	
ご芳名	（　　　才）
ご職業	本書をお求めになった動機
ご購読の新聞・雑誌	ご購入書店名

発達障害の人が答える人材紹介のプロへ
働いた人のためのQ&A

① 購読者あなたにとって、本書に関するご感想をお聞かせ下さいませんか？
― 愛読者カード ―

② その他、小社発行の書籍に関するご要望などをお聞かせ下さいませんか？

③ 他にご希望の出版物、出版活動の資料として執筆者にあたりましておりますので、お願いがございませんか？

今後の出版活動の資料にいたします。

Q 「そういうことだから」

A 直接理由を話すのではなく、誰か別の人が話した内容を指し示し、それを理由にして質問などの答えにしようとしています。よい返事なのか悪い返事なのかはっきりしないので、確認は取るようにしましょう。

例えば、社内会議で先輩社員から「納期を1週間繰り上げることになりました」と報告がなされた後、上司から「そういうことだから、全員スケジュールを見直すように」と指示が出たという使い方があります。この例の場合、先に述べられた先輩の報告が最もなる理由となって、作業スケジュールを変更しなければならないということを示しています。上司が先輩の意見を復唱・解説すればわかりやすかったと言えますが、上司が直接理由を述べるのではなく、他の人の話を根拠にして質問などに答える形となっています。これならまだいい方で、「そういうことだから」だけで、どちらとも捉えられない回答をされる場合もあります。この場合は、結論をはっきりさせるために「では、全員のスケジュールを変更することになるのですね？」と問い返しをした方がよいでしょう。

他にも「そういう事情なので」「わかっていると思うけど」などがあります。このように、職場では回りくどいフレーズがしばしば飛び交います。主語や目的語がなく、指示語と動詞だけの組合せで話をとおされると、何を言っているのかさっぱりわからないと感じてしまいます。意味がつかめなければ、その場もしくはあとで「誰が」「何を」「どうしたのか」を聞いて確定しておきましょう。あやふやのままにしておくと、あとであなたが苦労することになります。

Q 「私服で出勤してきてもいいです」

A 通常の出勤時の服装ではなく、カジュアルな服装の着用でもいいですよという意味です。ただし、職場の雰囲気にそぐわない奇抜な服装や化粧は避けるようにしましょう。

　最近、企業の中にはカジュアルデーと銘打って、私服での出勤を許可する会社が増えています。またIT系やアパレル・デザイン系などの職場では、社員全員が私服で仕事をしているところもあります。外で顧客と会う営業職などの社員は別として、内勤業務の社員は私服での出勤が認められるようです。

　私服着用の職場では、どんな服を選べばいいか判断がつかない場合もあると思います。基本的な組合せとしては、男性であれば淡色のシャツ・ポロシャツ、チノパン・スラックス、ジャケット・ブレザー、女性であればシャツ・カットソー、スカート・パンツ、ジャケットとなります。髪型、化粧（ネイルも含む）、靴、帽子などは、カジュアル過ぎないように、それぞれビジネスシーンに適したものを選択します。

　どんな服装が適切なのかは、業種や職種、職場の風土・雰囲気によって見極めるポイントが変わってきます。まずはp.27で取り上げたようなスタイルから始めて、他の従業員のスタイルを参考にすればよいでしょう。それでも不安な場合は、上司らに通常時の服装での出勤でよいか相談してみるとよいでしょう。

　同様の意味を持つ表現としては、他に「ラフな格好で」という言い回しもあります。

> Q 「明日は大掃除なので、汚れてもいい格好で来てください」

A 汚れてもよい普段着などを着用して出社してもよいということではありません。いつもの服装だと汚れるかもしれないという注意喚起と汚れてもよい作業着などを持ってきてもよいということを表しています。

　このフレーズを聞いて、「その日だけ作業着姿で出社すればよい」と判断した方は、間違いです。この場合、「大掃除となると汚れてしまう可能性があるので、それを覚悟しておいてください」ということに加え、「汚れるのが困るという場合には、別途作業着や服の上から羽織るものなどを用意してください」という2つの意図が込められています。

　したがって、例えば普段スーツを着用している人であれば、その日もスーツ姿で出勤しても構いませんが、汚れることを見越してエプロンやジャージ、作業着などを別途持参したほうがよいということになります。元々、作業着や職場着で仕事をしている人は、そのままでも大丈夫でしょう。なお、大掃除で自前の服が汚れてしまったとしても、会社からクリーニング費用などは支給されないので注意してください。

　服装に関しては、さまざまな場面で迷う可能性があります。例えば休日出勤した際、事務所内で過ごすなら私服でも構わないかもしれませんが、顧客や社外の方の目に触れることが多い場合は、いつもの服装（スーツや制服）が無難かもしれません。厳密には、これらの判断は職場により異なるので、上司などに確認が必要です。その他、「ラフな格好で」と表現されることがあります。ラフといっても仕事に関することなので、装飾が多い派手な服、肌の露出の多い格好は好ましくありません。

Q:「飲み会の幹事やってね」

A: 飲み会の取りまとめ役に任命されたことを意味し、一切の段取りを任せたので準備を始めてくださいということを表します。

　職場では、全社員対象の納会や花見会から仲間同士での飲み会まで、さまざまな催しが行われます。その取りまとめ役を上司や先輩から任されることがあります。場合によっては、業務命令であったりします。幹事役は、新入社員や若手メンバーに任される場合が多いようです。役目として、開催日時の決定、会場予約、参加者の募集、会費の見積り、会場までの引率、司会進行、余興準備、飲食店スタッフとの注文交渉、集金・会計などを行います。順に進められることもあれば、同時進行で細かな対応をしないといけない場面もあります。そのため幹事役の負担が大きく、つらく感じてしまう人もいるかもしれません。どうしても不安な場合は、上司にその旨を伝え指示を仰ぐ、または複数名による役割分担が可能かどうか相談してみましょう。

　職場では、一見すると仕事とは関係がないことを役割として任され、指示されることがよくあります。仕事とまったく無関係かどうか自体、厳密にはわかりませんが、職場内外の人との交流があったからこそ、後々の業務の調整や交渉を行ううえで役に立つ場合もあります。まったく知らない人より多少なりとも言葉を交わしたことのある人の方が、話が通りやすかったりするものです。縁の下の力持ちとして職場や周囲の方々のためにさまざまな役割をこなしていくことも、会社に貢献する方法の一つであることを知っておきましょう。

Q 「会議の議事録お願いね」

A 会議において記録係として議事録をとるだけでなく、その後のまとめ・報告までの役割も含めて担って欲しいという指示です。

　会議や打合せは、その目的に応じた意見を参加者から集め、決められた時間内で目指すべき答えを得ようとして討議されます。
　一般的に会議の参加者の中から記録係が指名され、その発言や進捗の様子を活字で記録していきます。会議中に書きとめたメモ書きをそのまま記録として残すのではなく、会議終了後、社内の規定の書式に則り、発言者とその内容、決定事項、残件事項や新たな課題を明記した書類にまとめ上げます。その後、参加者に議事録の確認・承認を得るための回覧・配布までを行います。指示をした人は、ここまでの一連の作業を記録係に担ってもらうことを意図しています。
　会議では、複数の人がランダムに発言をするので、聞き逃してしまったり、話を聞きながら書きとめることが難しかったりするかもしれません。その場合、ICレコーダーなどを使って会議の音声を録音し、後で再生して発言をまとめることも一つの方法です。ただし、会議内容によっては音声の録音が認められない場合もあるので、事前に上司などに使用の可否を確認しておく必要があります。
　なお、議事録に発言内容を記す際は、一言一句間違わずに書く必要はありません。議事には直接関係のない話題は記録として残さず、要点だけを取り出します。この見極めには経験が求められるので、慣れないうちは上司や指導担当の先輩にまとめ方を相談するとよいでしょう。

Q「ほどほどにして切り上げるように」

A 予定通りに日々の仕事を消化しているのであれば、早々に作業を終わらせて帰宅するようにという意味です。無理をして体調を崩すと、仕事ができなくなり納期や締切りも守れなくなるからです。

　遅くまで残業をすると、上司からかけられるフレーズです。忙しいときは残業も増えます。上司から頑張りのねぎらいと体調管理もせよとの意味が込められています。実は残業することは好ましくないというのが管理する側の考えです（p.60参照）。頑張りはわかるが、進捗管理して効率を上げ、できる限り残業を抑えることを望んでいます。また無理して体調を崩せば締切りも守れなくなります。そのため進捗通りなら続きは明日に回し帰宅して欲しいのです。しかし、周囲の様子で帰りにくい雰囲気もあり、早々に帰宅すると周囲に協力できない人と評されもします。これら自己の管理能力と協調性は相反することですがどちらも評価されます。担当分が終われば、周囲の状況を聞いて手伝えることがあれば手伝い、そうでないなら帰りましょう。締切りについては、絶対の約束で無理してでも守るという考えもあれば、逆に無理をしても完成できない、雑な結果になるなら締切りも見直し可能という考えもあります。これは企業や職場の意思で決まるものです。その意思による指示に従うしかありません。他にも同様の意味で「適当に切り上げて」「キリのいいタイミングで終わって」という言い回しもあります。加えて「帰れるときは早く帰宅して」というフレーズは「忙しくなると早々に帰れなくなるので今のうちは体力を温存しよう」という予告めいた意味も含まれます。

「クロスジョブKOBE」の取組み

特定非営利活動法人クロスジョブ神戸 理事長
就労移行支援事業所クロスジョブKOBE 所長　古川直樹

発達障害を持つ方の就労問題

　現代社会の最大の社会問題は雇用問題であると言われます。働くことができないということは、単に経済的な苦しさだけではなく、社会とのつながりが極端に希薄になり、社会的孤立が生み出され、社会的排除がその結果としてもたらされます。これらは、働く希望や力を持っていても安定的に働く機会に恵まれない障害を持つ方に、いっそう厳しくあらわれます。このような中でも、就労支援施策の充実やCSR（企業の社会的責任）の進展により、就労意欲のある知的障害や精神障害の方の就労は大きく前進しました。一方で、訓練施設整備や障害特性理解など、発達障害を持つ方のための就労支援体制はまだまだ整っていない現状があります。

従来の福祉の枠組みを超えて

　私は前職で、兵庫県立総合リハビリテーションセンターの職業部門の施設長をしていました。その立場上、これまで発達障害者支援センターの運営協議会委員や県および国（労働局）が主催する就労支援に関するさまざまな会議の委員を務めてきました。どの会議においても、発達障害を持つ人の量的増大や質的深化など深刻な状況が報告されています。しかしながら、そこでは問題の共有化が図られるのみで、肝心の解決策が出される状況にはありませんでした。
　発達障害を持つ方の就労支援における現状の問題点を具体的に挙げ

ると、例えば当事者が勇気を振り絞って発達障害者支援センターなどの相談窓口を訪ね、その後発達障害の確定診断を受け、職業準備訓練を受けようと施設へ見学に行ったとしても、従来の福祉施設は駅から遠くて通いにくかったり、暗いイメージがあったり、内職作業中心の訓練内容などが当事者のニーズにマッチしていない現状がありました。それ以前に、施設へ見学に行ったとしても「自分はこれくらいの作業ならできる、苦手なのはビジネスマナーやソーシャルスキルであって、ここでの訓練は役に立たない」と拒否してしまい、再び先の見えない在宅生活を延長している方が大勢います。

　この問題解決の糸口として、その方々が持つイメージを払拭する、これまでの福祉の枠組みを超えた訓練施設の必要性を感じ、「無いものは創り出す」という意気込みで早期退職をし、退職金を元手に2012年2月にNPO法人を設立、同年5月に就労移行支援事業所を開設したのです。

クロスジョブKOBEの二つのこだわり

　就労移行支援事業所クロスジョブKOBEの開設にあたっては、二つの譲れないこだわりがありました。

①設置場所は都心の駅前のオフィスビル内

　当事業所は、JR六甲道駅と直結する30階建ての複合施設ビル「ウェルブ六甲道2番街」の中にあります。同じビルには、銀行や旅行代理店、不動産屋、診療所、飲食店などが入っており、隣室は生命保険会社となっています。

　こうした環境のメリットは二つあります。一つは、利用者は施設に通うというよりもむしろ会社に出勤しているという実践感覚の中で訓練が受けられる点です。利用者はビジネスウェアに身を包み、さっそうと通って来ます。もう一つは、他社で働いている人たちとの関係性

を持つことができる点です。就職にあたってはあいさつをはじめとするコミュニケーション力が求められるため、多くの施設であいさつの練習をしますが、ほとんどは練習のための練習で終わっています。ここでは、エレベーターホールで生保レディーの方々と日常的に顔を合わせ、「おはようございます」「こんにちは」「お疲れさま」とあいさつを交わす環境があります。相手が満面の笑顔で返してくれると、あいさつとは気持ちのいいものだという体感をします。この体感が極めて重要で、利用者はあいさつスキルをどんどん向上させています。

② **面談・グループワーク中心のカリキュラム**

　当事業所では、従来型の作業中心の施設とは異なり、ビジネスマナーを徹底的に学び実践します。また、朝礼や終礼の司会をはじめさまざまな当番を担い、達成感や役割を果たす大切さを学びます。さらに、グループワークを数多く取り入れ、人前で自分の考えを話したり、他者の意見に共感したりする力を培っていきます。その他、発達障害の特性を理解し、対処方法を学ぶピア講座（ピア：同じ条件の仲間同士の意味）を設け、自分の障害や配慮して欲しいことを他者にうまく伝える術を学んでいきます。それは自己肯定感を高める支援にもつながります。これらの指導にあたるスタッフには、福祉関係者だけではなく、企業での障害者採用の経験者や元 OL、当事者など多様な人材を配置しました。

　日々は冷や汗ものの連続です。人の気持ちを汲み取ることが苦手で思いついたことを素直に言葉にしてしまう人の隣に、人から発せられる言葉に過敏に反応して大声で泣き出してしまう人がいます。しかし、これも社会に出るためのよい修行の一つであると考えます。事業所にいる間に多くの失敗や困難に直面して、そこから学ぶことが大切なのです。したがって、利用者同士のもめ事はある意味で歓迎していますし、本当に生きた教材だと思います。自己肯定感を高めるために

は、共通体験をした仲間の中で自らつかみ取るしかないのです。

◎ 開設から3ヶ月が経過して

　クロスジョブKOBEは、開設後3ヶ月間で約60名の方の相談を受付けました。その内訳は、大学院、大学、短大、専門学校卒や在学中の方が6割にのぼり、特別支援学校卒業者はわずか2人だけでした。住居地は姫路（兵庫県）から三田（同県）までと非常に広い範囲におよびます。また、何らかの発達障害の診断を受けた方が84％、障害者手帳の有無については「あり」が77％、「申請中」が17％、「なし」が6％となっています。身体や知的、精神の障害のある人が施設を利用する場合は大半が障害者手帳取得者であるのに比べ、就労に際して自分の障害と向き合うスタートラインに立つ人が多い、発達障害の困難性がここからもうかがえます。

　現在、定員20名のところ21名の方と契約をしています。企業実習に出かける頻度も高くなり、企業からの期待も受け、開設5ヶ月後の時点で4人の就職の見通しが立ちました。利用者の成長ぶりには目を見張るものがあり、スタッフの全員が日々驚きの連続です。

◎ 就労支援を柱とした幅広いネットワークづくりを

　以上のように、発達障害を持つ方の就労問題の解決を図るべく就労移行支援事業所を開設しましたが、現在二つの課題を抱えています。

　一つは、利用者が片道運賃を千円以上かけて通わなければならない現実があることです。もう一つは、暫定支給期間（利用者の利用意思の確認と当該サービスの利用が適切かどうかの確認を市区町村が行うための期間）での終了者が3人も出た現実です。一人は、本人の意向よりも親の意向が強すぎ、4日間しか通えませんでした。残りの二人は、時間の経過とともに全体の雰囲気も変化していく中で、「自分だ

け誰とも交われない」「皆、私のことを嫌っている」などの思い込みに翻弄されて来られなくなったケースです。

　このような課題を踏まえ、もう少し時間をかけて就労までつないでいく場所として、"就労移行支援に移行していくための準備基地"の必要性を感じています。既存資源の中で言えば、地域活動支援センターがそれに当たるのかもしれませんが、その設置目的は居場所づくりの要素が強く、就労移行へつなぐという意識で運営されている機関は今のところ皆無だと思われます。その意味で、今後は就労支援を柱とした幅広いネットワークを構築していくことが重要だと思います。

◎ 最後に

　昨今、アスペルガー症候群の男性による姉刺殺事件の判決（2012年7月30日、大阪地裁）で求刑を上回る量刑が言い渡され、波紋を呼びました。その判決理由の中で、発達障害に対する社会資源の不足が挙げられています。

　果たして本当に社会に受け皿がないと言えるのでしょうか？ これまでの社会福祉の枠組みを超えた発想のもとに創設されたクロスジョブKOBEのような存在が彼らを変え、社会を変えていく礎（いしずえ）になるのではないかという確信めいたものを持ち始めています。

　孤立せずに社会で生きていくためには、働ける場所があることが何より大事であり、お金や障害の有無が問題なのではなく、仕事を通じた人とのつながりをこそ重視すべきであると考えます。

第3章

保護者からの
Question

保護者の役割と支援

　当事者だけではなく、実際に多くの保護者から相談を受けます。就職に関する相談内容はさまざまですが、たどってきた経緯については共通することがあります。

　それは、障害特性が幼少期に診断されていたにしろ、成長してから判明したにしろ、また日常生活・学校生活における困難さの有無に関係なく、多くの保護者は就学の先にあるステップに気づかずに、目の前にある学業にのみ視点がいってしまっていたことです。そしてふと気づくと就職という高い壁が目の前に立っていて、そのとき初めて気づくのです。「あっという間に時間が過ぎてしまった。もっと早く気づいていたら……」という後悔の言葉をよく聞きます。

　就職には実にさまざまな準備が必要になります。p.15の図1「就職までの道のり」にあるように、日常生活能力や心構えなどの準備がしっかりできて初めて、就職活動に取り組むことができ、さまざまな場面を乗り越えて、ようやく就職が叶うものです。多くの保護者が就職を意識して初めてその準備の大切さに気づかされます。

　保護者の方々は、状況を立て直すために、さまざまな情報を探し求め、あらゆる場所に足を運ばれます。その中で公にされている各種制度・サービスについて、情報として見聞きすることになります。しかし、実際の就職事情を鑑みて、「本当のところはどうなの？」と首をかしげ、疑問に感じていらっしゃる方も多いようです。

　この章では、多くの保護者が抱く疑問について、実際にこれまで受けた相談の中から気になる質問をいくつか選び出して解説します。

Q 就職までに身につけておきたいスキルは何ですか？

A 就職活動やそれに関するものではなく、身辺自立から始まる社会人として生きていくために必要なスキルの習得が求められます。

　学生時代は、決められたカリキュラムを時間どおりにこなしていくという受け身のスタイルが続きます。そして、"就職活動"の段階に入っても、活動そのものを支える基本的な部分ができていないので、何もできず、うまくこなせないという結果に陥ります。そうならないためにも、日々の生活の中で早めに準備・習得しておくべき事柄があります。具体的には、以下のとおり5つのカテゴリーに分けられます。

　1つ目は「仕事をすることの意味を理解させること」です。実は、学生のままでいたいという思いを持ち、なぜ仕事や就職をしなければいけないのかと疑問に感じ、不満を抱く当事者がいます。要するに、なぜ仕事をしなければならないのかという理由がわからないのです。まず学校にいる時間には限りがあること、そして卒業後はこれまで学んだことを活かして生きていかなければならないこと、生きていくために必要な糧、つまりお金を手に入れていかなければならないこと、そのために仕事をするのであることを考えさせなければなりません。これは大変難しいことではありますが、根気よく説明し続ける必要があります。

　2つ目は「生活習慣を整えること」です。これは、社会生活を営んでいくための基本です。これまでの相談の中で多かった事例として、昼夜逆転してしまうほどサイクルが乱れた生活を送り、洗顔などの身だしなみも整っていないという事態に陥っているケースがあります。また、家

族の中でも十分な会話がないという状態もよく聞きます。家庭内の関係が保持できていない状況では、外部の支援を受入れることができないかもしれません。このような状態になると、すぐにすべてを直すことはできません。時間をかけて少しずつ改善していき、習慣づけておくように指導しなければなりません。

3つ目は「対人関係の心得」です。特性上難しい場合もあるのですが、仕事をするためにはどうやっても人が集う集団の中で過ごさなければなりません。そのため、あいさつから始める敬語とその使い方、一般常識や集団の中でのマナー、会話のマナー、清潔感のある身だしなみを心得ることが望ましいです。

4つ目は「社会体験」です。簡単な就労体験・実習（アルバイトなど短期就労も含む）をとおして、仕事の大変さとその仕事をすることによって得られる報酬の意味を体感することが大切です。そこまでに至らなくても、仕事の基本となる手伝いから始まり、頼みごとや頼まれごと・断り方などを体験することもよいかと思います。就労体験ではないですが、ボランティアなどの集団活動に参加して、その中で指示命令を受けること、指示の意味を理解して行動すること、目的を達成すること、皆でその達成をたたえ合うことも社会体験の一つになります。

最後の5つ目は一番大切なことですが、これらの準備に入る前に「自己理解しておくこと」です。つまり自分のできること・できないこと、得意なこと・不得意なこと、性格や障害特性の理解と受容ができていなければなりません。周囲に理解してもらうためにも、まずは自分がわかっていなければなりません。なかには理解することで自己嫌悪に陥ってしまうこともありますが、自己理解・特性受容が不十分のために準備段階でトラブルに遭遇することもあります。先に進むためにも自己理解・受容することで自分の強みと弱みをはっきりさせておくことが重要です。

Q 就職に必要なスキルを身につけさせるために、親はどのように支援していけばよいですか？ 学校にお願いできることはありますか？

A 家庭を中心にして日常生活を自分一人でこなすことを習慣づけるように指導することから始めましょう。

　就職活動前に準備・習得しておきたいこと（p.104参照）の一つでもありますが、一番身近な環境である家庭においては、日々の生活習慣を整えることが大切です。生活の中で起こる出来事に対応できるように指導してください。身近なことでは、規則正しい起床・就寝、洗顔から歯磨き、整髪、化粧、身だしなみのチェック、そしてボタンの掛け違いや襟立て・裾出しなどの服装の着こなしなどです。意外とできていないことに、季節に合った服装の選び方や食事中のマナー、お小遣いや買い物での金銭管理などが挙げられます。コミュニケーションの面では、さまざまな人とのあいさつとその使い分け、例えば年上の人、同じ世代の人、年下の人との会話の違いです。他にも、人との距離の取り方、感謝と謝罪の言葉を口にすること、合わせてそれに見合う行動をすること、丁寧に適切な頼みごとをする、頼まれごとを受けるもしくは丁重に断ることなどもあります。これらは、就職や仕事に関係なく社会生活の中で求められる振る舞いと言えるでしょう。

　最近は携帯電話が普及してきたこともあり、個人間の直接発信・受信で完結してしまうので、電話のかけ方・受け方、伝言を聞いてまとめて相手に伝えるということができないという事例を聞くことがあります。仕事に関わらず会話の受け答えと伝言伝達ができることは求められます。

　そして、すべてに当てはまることですが、さまざまな情報を記録して

保存する方法と顧みる・確認する習慣を身につけておくことが重要です。当然、情報保存ができないと覚えることはできません。そして、せっかく記録したことも見直すことができないと、毎回同じ失敗を繰り返すことになります。振り返る機会を設ける習慣を身につけたいところです。

　これらは最初からできるわけではないので、保護者が指導することになりますが、保護者があまりにも構い過ぎるとその支えがないと何もできない、何も言えなくなる可能性があるので過度な支援は禁物です。

　一方、細やかな部分は家庭でしか指導できないのですが、学校など教育機関は多くの人が集まる場ですから、その場所でしかできないこともあります。特性から馴染みにくいところもあるかもしれませんが、社会に出て必要な集団活動のルールについては、その存在と内容を学校で教えてもらう必要があります。また、家庭で教えたことが学校という実践の場でできているかどうかを教員などに確認してもらえる関係を構築することも大事です。ただし、学校においては、教員など指導者が障害を理解していること、特性の多様性をわかっていることが前提となります。

　勉強や成績のことは小さい頃から家庭の中で話し合う機会はよくあるようですが、卒業後のこと、将来のこと、就職や仕事のこと、お金などの報酬のことになるとあまり会話をする機会がないようです。保護者にとって、これらの話題を説明することは難しく、本人が理解できないだろうという理由で話をしないようです。卒業後の進路については学校で取り上げられることですが、学校だけに任せるには限界があります。本人自身も曖昧な理解のままおいてしまいます。そのため土壇場になって就職について本人に問い詰めることになり、事態の遅れに慌て出すことになるのです。そこからもう一度やり直すとなると大変手間がかかりますので、日頃から将来のことなどについても話し合う機会を設けることが望ましいと思われます。

> **Q 子どもの社会への認識が低く、親の気持ちとの差を埋めるにはどうしたらよいですか？**

A 保護者の意志・思い・態度を表に出して、自分で考えさせることを促しつつも、ともに考える機会があることを示すことが大事です。

　自然と周囲の状況がつかめるのであれば、先輩や同級生らの就活状況が耳に入ってくるので焦り出すのですが、状況認知が劣る場合は時期的に盛り上がる就活熱も感じ取ることができません。自分の興味の範囲でしか物事の把握・理解ができないので、周囲の変化から自らが被る不利益に気づきません。そのため保護者だけが焦り、時間は刻々と過ぎて卒業目前や卒業後になって戸惑い慌て出すことになります。

　保護者の中には、本人が自分から動き出すまで、そっとしておこうという考えを持つ方もいると思いますが、情報収集が苦手な場合は動き出すためのきっかけにも気づかないので、そのまま放置しておいても変化は現れにくいと思います。やはり何らかのきっかけを投げてあげないといけません。当事者の特性や環境によってアプローチ方法は異なりますが、まずは卒業という区切りの時期が来ることを意識させること、親としてできることとその姿勢、最後に決めるのは本人であることをわかるように伝えておいた方がいいでしょう。また、視覚的イメージをつけさせるために、卒業後に向けた行動の流れを目に見える形にしたルートマップやタイムフローなどで表すのも一つです。自ら考え意欲を見せるようになれば、就活情報も必要になるため、事前にその情報の在りかを調べておきましょう。気づきを得て、行動を起こすまで時間も手間もかかるかもしれませんが、辛抱強く関わっていくしかないと考えます。

Q 就職に際して、療育と精神のどちらの障害者手帳を取得すればよいですか？

A 自治体や本人の状況にもよりますが、支援者の立場としては年金を受給しやすいという理由により、療育手帳取得を勧める場合が多いと思います。

　発達障害においては皆さんもご存知のように、現時点ではまだ単独での手帳が存在しません。都道府県それぞれで発達障害の特性を加味して、療育手帳を交付しています。逆に療育手帳の発行要件を満たさないということで、発行を認めていない自治体もあり、その場合には二次的疾患として精神の手帳を取得するケースが多いようです。福祉制度や年金制度などの面から総合的に考えて、窓口と相談するのがよいでしょう。
　どちらの手帳にしても、就職に際して前面に押し出すのは発達障害であることなので、"その特性を持つこと""その配慮を望むこと"をしっかり伝えることが大事です。
　手帳の内容だけでは障害内容を勘違いされる可能性もあるので、補足資料として診断書や職業センターの適職判定などを用意しておいてもよいでしょう。ただし、就職活動においては、それらすべてを資料として提示する必要はありません。提示を求められたときの資料という位置づけにしておきましょう。また、履歴書や職務経歴書などの応募書類に加えて、障害特性やこれまでの特性に関する経験や対処事例、職場での配慮事項を適切にまとめた自己紹介書なる書類を作成して活用することもお勧めします。

Q アルバイトはさせたほうがよいですか？

A 家族を中心とした人間関係だけでなく、世代を越えた人間同士の関わり、異なる世界を体験する意味でアルバイト経験は望ましいことです。実際に賃金を得るので本格的な就業の予行演習にもなります。

　家庭や学校では教わることのない、社会やビジネスのしくみやルール、社会人のあり方、お客様に向かう心構えなどに触れることになり、覚えることも山のようにあります。職場実習よりも実践的といえるので、そこでの経験は本人にとっても、就職活動においても有意義なものになるでしょう。また、アルバイト経験からある程度仕事の向き不向きが見えるので、今後の就職活動においての適性・適職探しのヒントになるものと思われます。

　しかし、アルバイトとはいえ、仕事をすることには変わりありません。仕事に対しての責任があり、成果に対する報酬をもらうので立派なビジネスとなります。そこには最低限求められることもあり、それを実行しなければなりません。どんな形態のものであれ、お客様との金銭面など利害関係が発生する以上、サービスを提供する側として敬語や対人マナー、マニュアルにはない一般常識などは知っていることが当たり前となります。これらはすでに身についているものとして、採用する側は面接などでチェックします。アルバイトは手軽ですが、気軽なお手伝いではありません。

　また、アルバイトのように短期で限定的な仕事への就労であっても、誰でも採用されるというわけではありません。社員として採用されるこ

とは難しいかもしれないけれど、アルバイトなら簡単にできるはず、採用されるはずと考える方がいますが、やはり雇う側も人を選びます。

　アルバイトにも採用してもらえないという話をよく聞きます。特性などから採用段階のコミュニケーションが成り立たず、受け答えができないために不採用になるというものです。職種によって、必要な素養もあります。例えば、接客では笑顔や元気なあいさつや受け答え、販売では丁寧な会話、作業系では機敏な動きや体力が挙げられます。

　また、アルバイトに就いたとしても、長続きしないこともあります。理由はさまざまですが、例えばお客様や従業員間の馴れなれしい会話やぶっきらぼうな会話、検品チェック忘れや報告忘れ、お客様の目の前で落として汚れた食品の販売、遅刻や無断欠勤など品位を落とす行為や業務に支障を与えるような行為をすれば解雇もされます。マニュアルには書かれていない、常識として捉えられるような振る舞いができていない、理解していないために起こる失敗もあります。このような失敗は好ましくありませんが、社会の中では何がダメで何がよいことかを知る機会でもあります。叱られることも失敗することも経験で、次への糧として捉えるように身近な人から励ましてもらいたいと思います。

　数多くの職種を経験することが適職を探すために役立ちますが、実際には職種に偏りがあります。募集の多いアルバイトの職種は、接客・販売が占めます。業種はさまざまですが、飲食店や各種店舗の接客・販売スタッフが多いです。特性の困難さから考えると、必ずしもマッチするものがあるとは言えず、アルバイト選びから苦労することもあります。そのため、絶対にアルバイトをしなければならないというわけではありません。先に説明したとおり、特性から難しいと思われるケースもありますので、賃金を得るような経済活動でなくても、世代を越えた集団や組織での活動に馴染むことから始めてもよいかと思います。

Q 大学で青春を謳歌してから就業させたいのですが、大学生活はどのように過ごすのがよいですか？

A 早い段階から卒業後の姿を視野に入れ、少しずつでも就職対策に取り組んでいったほうが、後々慌てることがないでしょう。

　保護者の立場として、「大変な受験勉強を終えたのだから自由にさせたい」「のんびり学生時代を過ごさせたい」と望む気持ちを抱くのは当然のことでしょう。そのため当事者自身も進学後、学業に専念、あるいは自分の好きなように毎日を過ごしているようです。

　しかし、ある時期になると多くの保護者から子どもの就職に関する問合せが増えてきます。その多くは卒業間際もしくは卒業後まもなくです。結局、就職先が見つからないままで、この先をどうすればよいかという問合せです。この段階になってからでは容易に仕事に就くということは難しく、その後の活動にも時間がかかります。また、なかには就職活動にまで至らない段階、身辺自立や日常生活が成り立っていない状況の方もいます。そうなると、さらに時間が費やされるので、保護者も本人も先行きが見えずますます不安になってしまいます。

　昨今の就活事情は、景気低迷などで大学生の就職活動が年々厳しさを増しており、大学を卒業してもすぐに就職できるかどうか危ぶまれている状況にあります。通常、就職活動は大学生の場合3年生の秋ごろから始めるというのが一般的ですが、それでも結果的には卒業間際まで就職先が決まらない学生があふれています。

　一方、発達障害を持つ学生にとっては、学業と就活との並行作業に苦痛を感じたり、就活に必要な情報が入手できないままだったり、就職そ

のものの意味が理解できていなかったりするため、一般学生と同じようにスタートしても時間がかかってしまい何事においても遅れがちになり、結局何もできないまま卒業を迎えてしまうこともあります。

　上位の高等教育機関に進学することに問題があるわけではありません。勉強やスポーツなどをとおして青春を謳歌することもよいのですが、早い段階から身辺自立から自己理解、適性理解など前段階の準備（p.104 参照）を進めておいたほうが、いざ就職活動となっても活動自体にしぼって取り組むことができます。また、この時期にしかできないこともあります。例えば、アルバイトやサークル活動、公共施設でのボランティアや福祉活動、または大人が集う習い事の教室や勉強会への参加などです。社会で活躍している大人たちと交わる場に出て、人との関わりや振る舞いを体感し、自分の得手・不得手を見つけることも準備の一つとなるでしょう。また、適職・適性を探す一助になることもあります。

　ときどき保護者から「高校を卒業していきなり就職ではかわいそう」など、就職という課題の先送りとしての進学の話が出てくることがあります。しかし、進学してもいつか終わりがあります。何も対策を講じないまま、ただの時間稼ぎのための進学ではその先にある就職をより困難にしてしまうだけです。そのような進学にはならないようにしてもらいたいと思います。

　最近では、子どもが中学・高校生のときから将来に向けての準備を始めようと動いている保護者も増えてきました。発達障害支援については官民学で取り組みがなされようとし、療育から就学へと視点が広がってきています。就職についてもこれからに期待が集まっています。

　学業だけではなく、今の若い時期を楽しませたいという気持ちも大事ですが、課題の先送りにならないように、来るべき節目に向けての準備を始めることが望ましいと思います。

Q 有名国公立など高学歴であれば、就職には困らないのでは？

A 本人の特性の度合いや社会適応力、職業適性、企業の方針等の周辺環境などによるので、必ずしも高学歴・高学力であることで就職できるとは限りません。

　保護者からの相談の中で、よく言葉として出てくるものとして〝有名校を卒業・在籍している〟〝学業では優秀な成績を修めている〟から必ず希望する企業に就職できるはず、就職できて当たり前という話が挙げられます。

　一般的に、高学歴・有名校卒業が就職へのアドバンテージと考えてしまうのですが、一概にそうとは言い切れません。企業の目線も変化してきており、学力があることに越したことはないのですが、学力以上にビジネスパーソンとしての心構えや思考などが備わっているかを見ています。学生として勉強に専念すればよいという限られた環境、つまり学校を中心にした環境では経験することがなく、あまり必要とされなかったことが求められているのです。

　経済産業省から出された「社会人基礎力」（p.59参照）の定義づけでも謳われているように、誰からの御膳立てもなく自発的に行動できること、コミュニケーション力によるチームワーク、解決のための段取りを考えるなど一人で勉強するだけでは成し得ないことを求めています。

　障害者雇用も同様に、学歴や学校ブランドで採用されるわけではありません。一般の雇用枠ほどではありませんが、求職者に求めることはそれに近いです。実際に、ある特例子会社では特別支援学校を卒業した方

と有名大学・大学院を卒業した方が一緒の職場で同じ業務に従事されています。一般企業の障害者枠にもさまざまな経歴の方が採用されています。ですから、学歴だけではないということを理解しておきましょう。

　高学歴・高学力が何事にも優位であるとの考えを持つ当事者、保護者がいますが、それがあまりにも強すぎるが故に先に進めないという状況に陥っていることも多々あります。強い思いが先行してしまうため、肝心な特性の度合いと就業適性がアンバランスであっても気づきません。就職することや正社員採用や高い給与面などの待遇をゴールとして見るため、心構えや気持ちの部分が整っていないのに就職活動を進めてしまうのです。そのため、多くの場合、自分基準の結果が出せずに落ち込むことになります。自分を顧みることもできずネガティブな思考に陥ってしまい、自分を認めてくれない社会や周囲を恨みながら、引きこもってしまうという結末になったりします。また、二次障害としてメンタル疾患を引き起こすこともあります。これらを回避するためにも保護者が冷静に本人を見つめ、導いて欲しいと思います。加えて、高学歴とは異なりますが、元より悲観的な思いをもって就職を考えている当事者もいます。思考を変えさせることは大変難しく手間のかかることですが、同じく身近な保護者が根気よく解きほぐし続けて欲しいと感じます。

　稀に、理解ある周囲の環境と専門性の高さ、特性の度合いと自己理解度の高さ、社会生活への順応性とそれを編み出す思考力が備わっている当事者がいます。その方は自らの立ち振る舞い方を必死に考え編み出し、特性には苦しみながらも生きています。しかし、多くの場合、自分のあるべき姿を見つめ直して、納得と理解ができたうえで進路を決めて進んでいくことになります。学歴や学校ブランドにとらわれず、今の当事者の状況を冷静に見て、本人にとって一番よいと思われる方向を見出すことが保護者の役目になると思います。

Q 一般企業（障害者雇用枠）と特例子会社のそれぞれのメリット、デメリットについて教えてください。

A 特例子会社は障害特性の理解を前提においている点、安心して就業できる場であること、親会社との結びつきが強いため、よい意味でも悪い意味でも親会社の意向に反映されやすいところがあります。

　障害者が企業に就職するとき、自分の障害について開示しないで定型発達の方と肩を並べて働くことと障害を開示して働くことに大きく選択肢が分かれます。開示しないで働くということは、定型発達の方と同等の扱いになるので、就業上の配慮は基本的にはありません。また、求められる結果や実績も定型発達の方と同じ基準で扱われます。

　障害を開示して働く場合、一般企業に障害者雇用枠を利用して就職する方法と障害者雇用促進を目的とする特例子会社制度の枠組みで設立された会社に就職する方法の2つの方法があります。後者の場合、障害者の雇用を目的とするため、就業に当たっての配慮が見込まれます。

　特例子会社制度とは、業務内容等の事情により親会社での雇用が限定されてしまうことを受けて、障害者雇用を目的として設立した子会社の障害者雇用数を親会社の障害者雇用数としてカウント対象にできるという制度です。

　特例子会社の従業員の多くが何らかの障害を持っており、障害特性を会社全体で理解しているため、設備などのハード面から就業に当たっての取組みなどソフト面に至るまで働きやすい環境が整っています。当事者にとっては安心して仕事ができるという点が大きなメリットとして挙げられます。各社の業務はその親会社の業務と密接に関係しています。

障害配慮については各社で異なり、個々に特徴があります。応募する場合には、業務内容も含めて十分確認するようにしましょう。

　一方、一般企業を見てみると、まだまだすべての企業で障害に理解があるとは言えません。企業の社会的意義を考える立場にある経営層や総務人事（採用）担当者は公的機関との関わりもあり、ある程度は理解していると言えますが、それ以外の部署にはなかなか伝わりにくいという現実があります。配慮についても、対応できる部分は限定的で物理面を中心とした配慮が主流となっています。業務効率や人的コスト、従業員意識のバラつき・属人性などから細やかな配慮については継続しにくい現状があります。退職や人事異動により面倒見のよい上司がいなくなったり、繁忙期のため職場全体が慌ただしくなって配慮が忘れ去られたりする事例がよく起きています。また、企業が考える課題や施策には優先順位があり、業績や企業運営が最も優先度が高く、障害者雇用は課題ではあるものの高い位置にあるとは言えません。したがって、雇用環境の面では特例子会社の方がすぐれていると考えます。

　その他、仕事内容に関しては、一般企業の場合、通常の業務の中から障害特性に適する部分を抽出した仕事、もしくは外注していた業務などを任すことが多いです。実際には、現在の業務が高度で複雑になってきているため職域開拓が難しく、合わせて待遇面とのつり合いが取れないことから、採用・定着が進まない場合もあります。待遇面は現在の社内制度を元にして調整されています。一方、特例子会社の場合、仕事内容は親会社の業務から抽出した仕事をこなす以外に独自で業務を開発・開拓するように努力しています。待遇面は、親会社の待遇制度をそのまま移行している場合もあれば、独自の規定や制度を持っているところもあります。しかし、収益面では独自採算が取れず、親会社にとって経済的な負担になっている場合もあります。

> **Q 特例子会社は給与が安いのではないでしょうか？**

A 給与については企業の人事制度や職種によって異なるので、必ずしも特例子会社で働いている人すべてが安い賃金であるとは言えません。

　平成24年5月末現在、全国にある特例子会社の数は349社となっています。その多くの特例子会社で行われている主な業務としては、清掃、食品生産加工、梱包発送、社内メール集配送、文書裁断、事務補助、データ入力、名刺制作や各種デザイン制作などが挙げられます。これら特例子会社の業務は、親会社や同じ系列のグループ会社の中から抽出された業務が中心になっています。また、これまで外注業者に発注していた業務を請負う場合もあります。障害を持つ従業員が取り組みやすい業務という観点で絞込みをされた業務が集約されています。さらにそれらの業務を細かく分けて、実際に従事しやすいように手順や方法に工夫が施されています。

　給与額が低いと言っても、従来の旧作業所の工賃イメージと比較した場合や一般企業の賃金と比較した場合、将来の生活を考えた場合などでそれぞれ見方は変わってくるので、一概にすべてが安いとは言えないと思います。

　ある程度の生産能力を有するものとして、法律で決められた賃金基準などを満たす額が給与として設定されますが、仕事の受注単価と個人の生産能力、管理にかかる人件費などの経費とのバランスが崩れると会社運営に支障をきたすことになります。配慮することが多くなると、どうしても企業内で見出せる仕事も限られてくるので、それに見合う待遇に

せざるを得ないこともあります。

　もちろん企業として経営努力、運営改善などを行うことは当然のことで、会社は従業員の就業環境を整えなければなりません。しかし、ある程度の賃金保障をしようとすると、その分求められる責任と成果がついてきて、一定の業務遂行能力が必要となってきます。そのため、採用選考では厳しい目で人選をすることになりますし、業務遂行にあたっても成果を課すことになります。

　将来を見た場合、今とまったく同じ待遇でいいかとなると疑問は出てきます。成長もあり成果も上がってくるのであれば、給与もそれに見合うように上がっていくことが望ましいと思います。企業によっては、賞与や昇給もあり、正社員登用制度の規程を持つ企業もあるので、本人の努力が反映されるものと思われます。

　発達障害を持つ人の中には配慮を必要としなかったり極めて限られている場合、一般社員と同等かそれ以上の成果・実績を出し、それに見合う待遇を受けている方もいるようです。親会社と同等の待遇制度を導入している会社も中にはあるので、一概に特例子会社の給与が低いとは言い難いと思われます。

　現在、多くの特例子会社は収益の面で課題を抱えていると言われています。障害者雇用という高い目的を持ってはいても、一個の企業として利益を上げることも使命の一つになります。特例子会社は親会社の支援があるとはいえ、親会社の負担にしかならないのであれば、やはり存在が問われる可能性もあります。

　特例子会社は年々その数も増えてきてはいるのですが、長い目で見てみると連ねているその顔ぶれにも変化があります。実情としては親会社自体に財務的余力がないと経営していくことは難しく、業務内容と収益能力に応じた規模での運営となるようです。

> **Q 発達障害を持つ男子、女子では就職で差が出るのですか？**

A 職場になじみ、まじめに仕事に取り組めるかが重要なことなので、性別で差が出ることはないでしょう。

男女雇用機会均等法にもあるように、基本的には性別によって差をつけることはありません。当然、障害があってもなくても関係ありません。ただし、仕事内容によって男性でないと難しいもの、女性に合うものと適性の合いやすさがあるので、応募職種によって就きやすい職があるのは確かです。絶対に最適というわけではありませんが、一般的に適すると考えられるものがあります。例えば、力仕事が主となる作業現場、物腰のやわらかさが求められる受付など男性・女性で適しやすいと感じられる仕事や現場があります。

保護者の方の話をうかがってみると、「障害者の仕事はこういうものだ！」という偏ったイメージがあるため、女子の場合は不利であるとか、長く働き続けることが難しいのではとお考えになられるようです。

もし不安を感じられるなら、まずは実際の就労現場をご覧になってはどうでしょうか？特例子会社は障害者の雇用を目的とすること以外に、障害者の社会参加と就労の現状を皆に知ってもらうことも目的としているので、職場見学が可能です（見学の申込方法は会社によって異なるので、詳細については各会社にお問合せください）。定型発達の方と障害を持つ方が、男性女性に関係なく、同じ職場で働いている状況を目にすることができると思います。現状を知る機会として、一度検討する価値はあると思います。

Q どんな業種の職場に採用されることが多いのですか？

A 特定の業種が多いというわけではなく、さまざまな業種の企業で採用されています。

　発達障害を持つ人が雇用されている企業の業種は、製造業からアパレル販売、小売業、飲食業、IT・システム開発、専門サービスなどが挙げられます。職種も障害特性に応じてさまざまです。特性の内容や程度にもよりますが、共通することは感覚系が過敏に反応しない静かで落ち着いた環境であること、仕事内容や流れが見えているもの、単体で完結するもの、補助的業務であることになります。わかりやすく、変化が少なく、安心できる点が障害特性にマッチしていると思われます。ただし、特性にも幅があるので、すべての方に当てはまるわけではありません。

　具体的な職種は、組立、検査、仕分・整理、事務アシスタント、発信専門電話オペレータ、システムバグチェックなどです。多数の人とのやり取りが複雑に絡んでくるような営業・接客販売職や部下を持つ管理職、手先の器用さが求められる料理人、クレーム対応が必要な着信業務などは長続きしにくく適さない仕事と言われています。とはいえ、販売・営業職の中でも商品紹介のみの営業、最初のセールストークのあとは受付の専門担当に任せるといった限定的な営業ほか、単一方向のアプローチで済むものは仕事として成り立っています。稀なケースですが、各種専門家や芸術系などのアーティストとして、個人事業主の形態で生計を立てている方もいます。高い専門性を持つだけでなく、個人でその能力を表現・発揮できる力も持っているからできることなのです。

Q 採用される合格の基準を教えてください。

A 企業の採用方針や現場からのニーズ、仕事内容の難易度により採用基準は異なります。加えて、相対評価なので明文化しにくいのです。

　「これまで専門分野を勉強して、経験も実績も積んできたのに、なぜ自分が採用されないのか」と嘆く人がいます。意外と忘れがちなことですが、応募先企業の選考対象は自分一人だけではありません。多くの応募者がいて、自分よりさらに適性のある人が応募しているかもしれないので、採用されるという保証はないということです。採用選考は絶対評価ではなく、相対評価であることを理解しておく必要があります。

　「採用される方法を教えて欲しい」という質問をよく受けますが、残念ながらそのような方法はありません。応募先企業によって求める基準に差があり、選考するうえで重要視している点も異なります。最近の選考では、さまざまな要素を数値化して、求める人材像の枠にはまっているかを採点チェックすることもありますが、最終的には面接官は自社との相性や一緒に仕事をしているイメージをして、「この人なら自社でもやっていける」「一緒に仕事をしてもいい」と感じた方を選んでいます。

　採用の決め手は、具体的に"ここです"と言えるものではなく、アナログで属人的な部分となります。とはいえ、何も準備も対策もしないでいいかというとそうではありません。最低限、整えるべきところは整えておき、準備すべきところは準備しておかないと最初から対象外になってしまいます。採用は企業全体の要で、採用した人材の質が業績に影響するので、面接官は見るべきところはしっかり見ています。

Q 面接には保護者が同席してもいいのでしょうか？

A 基本的には、採用面接時に保護者が同席することを企業側は認めていません。ありのままの本人を評価したいと考えています。

初めて会う面接官や答えにくい質問などに緊張して満足いく回答を言えずに面接が終わってしまい、ありのままの姿を見せることができないのではないかという心配は保護者であれば誰もが感じることです。

企業で仕事をするということは、社会に飛び立ち、生活していくことも意味しており、保護者の加護から離れ、一人で判断して行動することを企業としては期待しています。ですから、その第一歩である面接の場でも、一人で対峙できるかどうかを見たいと考えます。実際、職場の中のすべてのことを保護者が支援することはできません。必ず一人で考え判断し、行動しなければならない場面があります。これをこなせるかどうかが企業で働くという見極めの一つとも考えられます。

ときどき、就労支援機関の担当者などが同席できる場合があります。この場合であっても、基本は本人中心の面接となり、企業側からの求めがない限り、同席者が助け船を出すことやコメントを発することはありません。仮に保護者の同席が許されたとしても、企業側は身辺自立を含めて誰かが必ず付き添わないといけないと判断する可能性があるので、保護者としては注意したいところです。企業での就業を進めるかどうかを考える場合の見極めポイントにもなると思われます。

できれば支援機関と協力して、事前の面接対策として模擬練習を繰り返し行い、慣れておくようにしましょう。

Q 合同面接会などに参加しても先に進むことができません。どのような対策を講じればいいでしょうか？

A 受け答えの練習も必要ですが、応募先・職種などの見直しも検討した方がよいでしょう。

　特性上、対人コミュニケーションを苦手とする場合が多く、面接の場では緊張も相まって、思うように答えることができず、満足できない結果に終わる話をよく聞きます。

　定型的な質問への対応は、練習を繰り返すことによってある程度カバーできるでしょう。しかしながら、面接官は必ず定型的な質問をするとは限りません。やはり面接では、その対象者の〝人柄や性格〟などありのままの姿をじっくり見ようとするので、さまざまな変化をつけて質問をしてきます。その質問に対してどのように返してくるかで、職場の風土（経営者や従業員らによってつくられる独特の雰囲気）とその人との相性を見定めます。

　企業や職種によって選考の難易度が異なるので、応募先企業や職種などの見直しも検討する必要があるかもしれません。面接での受け答えの基本は、〝質問の意味を正しく捉えているか〟です。本人は質問されても焦ってしまうので、本当に相手が聞きたいことを取り間違えてまったく違うことを答えていることがあります。質問の意味がわからなかった場合、面接官に問い直しをすることは悪いことではありません。また、早く答えることが必ずよいわけでもありません。意味をしっかり理解してから答えることが大事です。そして、あれこれ浮かんだことをすべて伝えようと思わず、要点を絞り込んで短く答えることもポイントです。

> **Q 障害者雇用を推進し、将来も業績の安定した企業はどのように見分ければいいですか?**

A 企業の成長や安定は、企業独自の活動とそれを取り巻く経済環境に左右されるので、未来永劫の安泰を正確に見極める方法はありません。

保護者であれば誰しも子どもたちには何度も就職活動を繰り返すことは避けさせたい、定年まで同じ会社で働き続け安定した生活を送って欲しいと望むものです。

しかし昨今、企業は産業構造の急激な変化やグローバル化、世界的な景気変動など流動的な環境に包まれています。大なり小なり関係なく、企業であればこれらの影響を受けて経営が左右されます。場合によっては企業活動を続けることができなくなる場合もあります。残念ながら未来永劫、活動しつづける保証のある企業はどこにも存在しません。

また、会社情報等に経営状況の記載などがありますが、それは現在を含めての直近の話でしかありません。メディア等の情報から皆さんおわかりのように、大手企業であれば必ず存続しつづけるというわけでもありません。障害者雇用を目的とした特例子会社であっても同様のことが言えます。このような状況の中では、今後も安定して経営継続していく企業を確実に見つける方法は残念ながらありません。したがって、一企業の存続を心配することよりも、どこに行っても通用するように、仕事の幅を広げたり仕事への適応能力を高めたりして本人自身を向上させることに力を注いだ方が賢明かと思います。不幸にも会社倒産など大きな変化が伴い、転職せざるを得ない場合になると、それまでの仕事の経験値が問われるので、本人には常に自分を高める努力が求められます。

> **Q** 企業の求める人材について、本音の部分を教えてください。

A 基本的には障害の有無に関係なく、企業人として振る舞うことができる人材、一般的に企業が求めている人材像とそう変わりません。

　企業は営利追求を目的として、多数の人間が集まる場所で経済環境に応じて仕事の中身もやり方も変化させていくものです。これは企業として存続する場合に避けることのできないものと言えます。企業としては障害があってもなくても、その場に集い仕事に従事する人材としては皆同じと捉えています。

　障害を持つ人に対して求めることを敢えて挙げるならば、まず1つ目は「戦力となる人材であること」です。入社して間もない、慣れないうちからバリバリ活躍できるとは考えていません。最初のうちは戸惑い、失敗を繰り返しながらも、そこから少しずつ自分の経験として覚えていき、任せて安心と感じさせてくれる一人前の人材になってくれることを信じています。ですから、努力することを忘れず、仕事に対してまじめに取り組んでくれることを望んでいます。

　2つ目は「毎日勤務ができること」です。実はせっかく就職しても継続勤務ができていないという事例が多くあります。原因はさまざまですが、職場環境や集団生活、対人関係などにどうしても馴染めず、勤務し続けることができずに辞めてしまう残念な結果になっています。これについては、企業も切実な課題として対策に苦慮しています。

　3つ目は「周囲と協調できること」です。職場は複数の人間が集まり、相互に協力し合って大きな業務を遂行していくところです。その中には

性格や思考の異なる人がいるので相性が合わない場合もあります。トラブルがあったときに周囲の人や環境が悪いと他に責任を押しつけたり、自分のことだけよかったらあとはどうでもいいよと考えたり、指摘や注意を受けても聞き入れなかったりするようでは困ります。個人ができていても職場全体で目標を達成しなければ、結局できていないことと同じ意味です。どんなことがあろうとも、職場のみんなと協力し合うことができる助け合いの気持ちがあるかを求めます。

4つ目は「前向きにポジティブで明るいこと」です。仕事に対して責任を持ち成果を出すことを求められるので、プレッシャーもかかります。仕事がうまくいくこともあれば失敗することもあります。叱られてもめげずに、チャレンジすることをあきらめず、明るく取り組み続けることを期待しています。

5つ目は「コミュニケーションが取れること」です。コミュニケーションが取れると言っても、卓越されたプレゼンテーション能力を持たないといけないというわけではなく、相手の指示の意味が正しく理解でき、相手がわかるように報告・連絡・相談が自発的にできることを望みます。コミュニケーションについては、特性上困難な場合もあるのですが、人とのやり取りはどこであっても存在しうることです。

最後の6つ目は「自分のことを知っていること」です。要するに、自分の障害特性や性格を理解して受容していることです。自己評価だけを信じるのではなく、周囲の意見も聞き入れ補正できることも必要です。

以上、企業が求めることを6つ列挙しましたが、障害者雇用を進めている企業の責任者から、「『仕事をしたい！働きたい！どんなに辛くてもここで働き続けたい！』という強い意志を当事者が持っているかどうかを見ようとします」とこっそり教えてもらったことがあります。やはり最終的には本人の気持ちや意欲次第ということになります。

> **Q 社会に出るためのサポートの種類と受け方を教えてください。**

A 障害の診断・認定を受けている場合には、官民で運営される相談問合せの窓口と求人取扱い機関、就労訓練の実施事業者を利用できます。

相談問合せ窓口としては、地域の障害者就業・生活支援センターが相談窓口となり、課題によって支援機関の振り分けや実習先の紹介を行っています。発達障害のみを専門にしている機関として、各都道府県や指定都市に発達障害者支援センターが設けられており、生活から就労についての相談窓口となります。

就労の準備という位置づけで、地域障害者職業センターという施設があります。ここでは知的判定や職業評価などを行い、就労に向けての課題を見つけたり、その改善のためのカリキュラムを組んだりするなど準備支援を行っています。

就労に関しては、求人を扱っているのは、公的には公共職業安定所（ハローワーク）となり、専門援助部門と言われる部署が障害者の求人を管轄しています。直接、専門援助窓口（障害者就労窓口）に行って求職登録から相談して、求人を探したり紹介を受けたりします。他にも民間企業で障害者向けの求人情報の提供を行っていたり、求人紹介を行ったりしている企業もあります。合わせて定期的に面接会の開催も行われています。情報を得るには登録制となっていて、ほとんどの企業がサイト経由による登録となります。これら求人情報の取り扱いに関する支援は、公共事業と営利事業というように、根本的にはそれぞれ違っていますので、集まる求人情報にも特徴があります。ですから各々の特徴を理解し

たうえでうまく使い分けをするようにしましょう。

　就労訓練に関しては、就労移行支援事業所、就労継続支援事業所で実際に就労訓練を受けることができます。一般企業への就職を目指して、集団でのさまざまな職業訓練（履歴書の書き方、面接の練習、ビジネスマナー習得、職場実習など）を受けることができます。また、事業所によっては企業と密接な関係を築いているところもあり、訓練だけでなく就職そのものにつなげるような活動を行ったりしています。訓練は最長2年間となります。一般企業の就労を目指すにはハードルが高い場合には、就労継続支援事業所を利用することになります。運営母体がそれぞれ異なるので、直接問合せて見学・体験から始めて訓練を申し込む形になります。他に専門技術を習得するための訓練学校もあります。ここまで挙げてきた公的支援機関はそれぞれがバラバラに動いているわけではなく、求職者を中心にして相互に連絡を取り合って連携支援、チーム支援を行っているのです。詳しくは最寄りの福祉事務所や自治体の健康福祉部門にお問合せください。

　障害の認定がない場合は、定型発達の方と同じ扱いになるのでハローワークの新卒・既卒者を対象とするジョブサポーター、相談やカウンセリング、職業への意欲をつけるイベント活動などを行う地域若者サポートステーション、職業体験や職業紹介、就活支援サービスを行うジョブカフェ（若年者就業支援センター）が利用できます。同じく運営母体がそれぞれ異なるので、直接窓口に問合せる必要があります。実際には、障害のある人の就労支援もまだ発展途上にあるため、認定がない状態でのサポートとなるとどうやっても限定的で、定型発達つまり健常者と同じ扱いになってしまいます。特性の度合いがボーダーライン上にあって認定がもらえない方も含めて、障害を公開しない、クローズで就労する場合と同じく、本人には就労時に大きな負担がかかるのです。

Q 採用後は、ジョブコーチなどの支援は受けられるのでしょうか？

A 企業からの要請に応じて、職業センターからジョブコーチが派遣され、就業支援を受けることができます。

　採用の経緯にもよりますが、就労支援施設から採用された場合には、その施設の就労支援員が就業にあたってのフォローに入ることがあります。企業は、その施設に属する就労支援員または障害者職業センターのジョブコーチに就業支援を要請したりします。

　ただし、就業支援を行う場合、支援者と当事者との間に信頼感があったほうが進みやすいこともあるので、できれば就労移行支援事業所のような就労支援機関に籍を置いておき、本人をよく理解し顔見知りの関係になった支援者についてもらうことが望ましいと思われます。

　本書では就労移行支援事業所の例として「さら就労塾＠ぽれぽれ」（p.65 参照）と「クロスジョブ KOBE」（p.95 参照）を取り上げていますが、訓練から就活までを見届ける就労移行支援事業所を活用して就職することは、後々のフォローを受けやすく、また企業側も要請しやすいので、大きな利点となります。支援機関にはそれぞれ役割があり、得意とすることもそれぞれ異なりますので、支援機関を利用する場合にはそれらをよく見極めたうえで利用するのがよいでしょう。

　基本的には、企業からの要請で動くものなので、その要請が必要となりますが、企業の中には、ジョブコーチとしての研修を受けている社員を置いているところもあり、障害者職業センターと連携して、障害者の職場適応の支援を行っています。

Q 発達障害を持つ人は職を転々とする場合が多いと聞きますが、現状はどうでしょうか？

A 新卒で企業に採用されても職場でうまく立ち回れず離職して、比較的就きやすい派遣社員として就労を続ける方が多いようです。

　一般的に企業に入社すると、徐々に責任ある仕事を任され、役職にも就き、部下も配するようになります。そして、複数の業務をこなし部下に適宜指示を出すなど臨機応変かつ柔軟な対応が求められます。しかし、発達障害を持つ人の中には特性からうまく立ち回れず、心的ストレスが発生して体調不良を引き起こし、離職することもあります。結果的に派遣社員の形態で短期間の離転職を繰り返す方も少なくありません。

　派遣社員の場合、担当業務が決められているので、当事者にとっては、わかりやすく、取り組みやすい位置づけと言われています。また人付き合いについても派遣先企業にとっては外部の人間となるので、職場内では業務のみのドライな関係が築けるので居心地がいいと感じられるようです。そのため、同じ職場で長く勤めるというより、短期間の臨時業務をこなし、多くの職場を移り歩いていることが多いようです。

　しかし、短期的な転職を繰り返すからといって、必ず発達障害の特性があるというわけではありません。安定を求めて直接雇用を望む人もいれば、あえて定型的で責務が少ない業務を求めて、派遣社員としての位置づけにこだわる人もいます。最近の雇用情勢としては派遣切りなど労働力削減が行われ、派遣社員として就業を続けていくことも難しくなっています。そのため、障害を開示し配慮を求める形で就業したいと考え、派遣社員から直接雇用を目指して就職活動を行う方が増えています。

Q 社会に出てからどんなトラブルが起こりえますか？

A さまざまなケースがありますが、仕事上でのミスや行き違いから上司・同僚・顧客らとトラブルとなり、修復することもできないまま居づらくなって退職したり、解雇されたりすることがあるようです。

　すべてに当てはまりませんが、社会に出るタイミングにおける特性の気づき度合いで進んでいく流れが違ってきます。
　まず診断を受けている人の場合、特性の度合いや適応力にもよりますが、障害に対するサポートを受けている人もいれば、障害を伏せて仕事をしている人もいます。手帳の取得も人それぞれで、あえて取得しない人もいれば、取得しても公にしない人もいます。社会生活の中で苦労をしつつも、リカバリーできる方法を編み出すなどして過ごしています。
　自分の特性に気づかないまま社会に出た人の場合、仕事をしていくなかで自分と他人との考え方や振る舞いの違いや、情報把握力と理解力の明らかな差に気づき、なぜ自分はできないのかと考え悩み出して、うつなどのメンタル疾病を患うことで発達障害の診断に至ります。なかには違和感を覚えても、自分で努力すれば解決できる、軽減できるものと信じて仕事をしている人もいます。
　同じく気づかないままで、さらに違和感も覚えることがない人の場合は、特性の度合いで差が出ます。生活していくにあたって何も支障がなく本人も周囲もわからないケースと強い特性を持って行動するケースです。後者の場合、自己中心的になり周囲との協調ができず、周囲に迷惑をかけていても状況把握できないままか、気づいていてもどうすればい

いかわからないので、何もしないでいるということがあります。当然そうなると周囲からクレームが出たりします。ここで自制・自省ができずにいると、他責・排他的になって孤立してしまい、状況によっては二次的障害も引き起こすこともあります。

　仕事をすることは、複数ある小さな作業が無数に集まり、その結びつきも一筋ではなく、さまざまなつながりを持ち、そこに時間軸と人間関係が絡んでくる複雑なものです。そのため、特性が及ぼす影響はさまざまなかたちで現れます。例えば、急な仕様変更や工程変更などが起こり、取り急ぎの対応が必要になった場合、自身の段取りや方法にこだわったり、具体的にどう対処していいかわからずパニックになることもあります。そのため、手つかずのままで気づけば業務全体の大幅な遅延を引き起こし、取り返しのつかない問題を抱えてしまうこともあります。

　また、仕事をいくつも抱えることになると、配分や優先順位をどうつければいいかわからなくなり、仕事が止まってしまいます。場当たり的な対応を繰り返すうちにどんどん仕事がたまり、最後はどうすることもできないくらいに追いつめられ、破たんしてしまうこともあります。

　管理職になってから、複数いる部下を同時にコントロールすることができず、自信を喪失して退職する人もいます。ミスがあると個人だけでなく職場全体の責任にもなり、皆が成り行き上責任を負うことになるビジネスの世界ではよく起こりうることも納得がいかず、協調できずに自身の正当性のみを貫いたりします。上司や組織上層部の方針であってもなかなか納得できずにいると、場合によっては進退を問われることもあったりします。

　このように社会に出ると、自分一人ではどうすることもできない場面に遭遇することになります。本人と周囲の両方の理解と受容ができたうえでの支援が必要とされます。

Q 仕事に定着しない場合、家庭や保護者はどんな支援をすればよいでしょうか？

A 辞めた理由などにもよりますが、保護者と一緒に障害特性と自己理解の見つめ直しから始めて、再度、職場実習や就労訓練を通して適職を見つけ直していくことが望ましいと思います。

　仕事上でのミスが原因ならば、実は本人に合う仕事ではなかったのかもしれません。希望優先で仕事を決めたなら希望へのこだわり度が強いかもしれないので、希望職と実際の適職とが乖離しているため方向性を変えなければならないことを辛抱強く説いていくしかないでしょう。問題の根本が自己理解の不足にあり、社会適応するには未熟だったかもしれません。自分を顧みる機会をつくり、自分の特性や社会常識の理解度、できたこと・できなかったことを一緒に振り返り、見つめ直す必要があります。それから、もう一度、適職・適性検査を受けての職場実習や就労訓練を繰り返して、適職を見つけ直し、自己理解を補正し、社会への適応能力を養うように組立直すことが望ましいと思います。

　次に体力面の弱さ、精神面の未熟さで就業継続ができなかった場合は、身辺自立から始めて日常生活が落ち着いて送れることを確認しながら、就労継続支援など少し一般就労から離れた訓練を受けたのち、進路の見極めをした方がよいでしょう。

　一番難しいのは、周囲の理解不足によるものです。受け皿となる企業の理解の程度によるものなので一筋縄ではいきません。企業に発達障害の理解度を深めてもらうしかありません。保護者だけではなく、国や自治体、福祉などからのアプローチが必要になると思われます。

Q 今後の障害者雇用はどのようになっていくのでしょうか？

A 受け皿に影響を及ぼす経済動向には不透明な部分があるものの、国や自治体の雇用施策は進んでいくと思われます。

　2008年秋に起きたリーマン・ショックから抜け出せない状態にありながら、国内産業自体の空洞化、それに伴う製造業の海外進出などグローバル化の波によって、さらに産業構造が変わりつつあります。雇用全体が芳しくなく、新卒の正規雇用についても厳しい状況が続いています。また派遣切りの規制強化もあり派遣社員の需要も抑えられ、それによって正規雇用への転換が見込まれましたが、非正規雇用化に注目が行き成果を出すに至っていません。業界再編によるリストラなどで人的資源の活用に抑制がかかる傾向もあり、雇用全体に危機感があります。また、年金受給開始年齢の引き上げにより高年齢者雇用安定法も一部改正され、定年を引き上げての継続雇用が行われようとしています。こうなるとますます若年層の就職に影響が出てくるのではという危惧もあります。それから経済界で謳われるダイバーシティ（多様性の活用）の範疇も主に女性、高齢者、外国人の活用という話が目立つところもあり、障害者に関しては言及がまだ少ないように感じられます。

　そのような情勢の中、障害者雇用に関しては、雇用の機会を確保するために障害者雇用促進法の改正がなされ、雇用未達成となる中小企業に対する納付金対象枠の拡大（従業員規模による対象拡大：平成22年度より従業員数201人以上、さらに平成27年度より101人以上へ引き下げ）、平成25年度から企業における法定雇用率の引き上げ（1.8％から

2.0％）、精神障害者の雇用義務化へ向けての検討という話題が大きく挙げられます。

　これらを受けて、雇用実績としては統計的にも伸びてはいるものの、まだまだ様子見のような状況のため、さらなる大がかりな支援施策が望まれます。また、就労移行支援事業にも民間事業体が多く参入するようになり、さまざまな視点からの就労支援が行われるようになってきました。これが契機となって企業との連携が深まり、雇用につながる新しいアプローチが生まれるのではないか、従来福祉の現場として捉えられていたところに新しい意識が吹き込んでいき、福祉の世界の活性化につながるのではないかと期待します。

　発達障害に関しては、平成17年の発達障害者支援法の施行や平成23年の改正障害者基本法で障害者の定義の中で精神障害に発達障害が含まれることが明記されるなど少しずつ見える形になってきてはいるものの、まだまだ社会全体の認知度や理解度には偏りがあります。療育から就学の順に支援が行われるようになってきましたが、その延長線上にある高等教育機関の学生やすでに社会に出ている大人の発達障害の課題、特に就労については試行錯誤の域を出ておらず、これからの取組みに期待をしたいと思います。

　ただ、このような国や自治体の施策面なども、実行予算の財源たる経済の影響が大きいため、今後は鈍化傾向になるのではと危惧されています。障害者雇用を含めた雇用全体の活性化は、経済活動の動向がカギになるものと考えられます。そして最後にお願いとして、子どもたちよりも先に社会に出て活躍されている保護者だからこそできることとして、わが子だけではなく、さらに広げて発達障害を持つ当事者へのさまざまな支援をもっと盛り上げていけるのではないだろうかと感じ、お力を注いでもらえればと思います。

これまでの就労を振り返って

就労移行支援事業所クロスジョブKOBE 就労支援員　**笹森理絵**

　私は30代はじめ頃、次々と立ちふさがる社会生活上の困難に対処しきれなくなり、社会不適応を起こした末に発達障害（自閉症スペクトラム障害、以下ASD）の診断を受けた成人当事者です。また、個々にタイプの違う発達障害を持つ3人の息子の保護者であり、さらには発達障害者支援に特化した就労移行支援事業所の就労支援員ならびに精神保健福祉士でもあります。

　そんな多面的な視点を持つ私の過去の「就労」について、少し振り返ってみたいと思います。

◎ 幼い頃の私

　私は幼い頃からパニックやかんしゃくを起こすことが多く、「短気すぎる」「落ち着きがない」「騒ぎすぎる」「変人」「だらしがない」「落差が大きい」「大卒のくせに理解が悪い」「無責任」「空気が読めない」「自己中心的」「不器用すぎる」「理屈っぽい」「状況判断ができない」など、それはもう枚挙にいとまがないほど、あれこれと注意を受けてきました。そのため、自己卑下に走ったり、社会や他人のせいにしたり、ただもう戸惑うばかりで、自分のことをいいように理解する発想もなく、当然、前向きにもなれずに失敗体験のみが自分の中に積み重なっていました。

　幼稚園から大学卒業までの間、"私"が社会に出るために必要なことを学ぶ機会はほとんどありませんでした。「発達障害」という言葉さえもなかった時代です。"ふつうのフリ"をすることに最大限の努

力を払いながら生き抜き、それなりの打開策というものを知る機会も得られないまま、むやみやたらにできないことをこそ何とかしようと、もがいていました。

◎ 就労してからの大きなつまずき

就労において最も大きなつまずきに直面したのは、認知症グループホームでの介護士の仕事でした。特に困ったのは、自分が何をすればいいかが瞬時にわからないことや仕事の優先順位についてでした。

上司からは「ここはグループホームだから」「指示されないと仕事ができないのでは困る。自分で何をしたらいいか考えなさい」と言われるばかりで、誰も仕事を具体的に教えてはくれません。

それ以前の職場である老人保健施設の認知症棟では、仕事は時間割どおりに進むため見通しがもちやすく、イレギュラーが発生したとしても、ある程度は日常的に決まっている業務パターンの延長線上で乗り切ることができました。また、多少の失敗があったとしても、上司や同僚からは一生懸命に取組む姿勢が評価され、失敗を補うことができていたので、精神的にダメージを受けるほどのことはありませんでした。私の特性を理解してもらえる環境が偶然にもできていたのかもしれません。

その後、「案外、この仕事は私に向いているのかも」と自分で思い込み、もっと利用者に近いところで仕事がしたいと思ったことがグループホームに転職した理由でした。しかし、結果的にはこの行動がさらに自分を追い込むことに……いや、初めて自分と向き合う"きっかけ"になったと今にして思います。

◎ 自分と向き合うきっかけ

グループホームでの介護士の仕事は、一日のスケジュールというも

のがありません。日によって食事の時間やレクリエーションの内容、排せつ誘導の仕方も異なり、常に利用者や他の職員の動きを見ながら集団生活の中で臨機応変に状況判断をすることが求められます。しかし、ASDである私にはそれらを発想することも対処することもできない状態でした。そのため、自分の気付かないところで他の職員に助けてもらっていたことは想像にかたくありませんが、当時はそのことに自分で気付いていないので、周囲の方々に対して感謝の言葉を述べることもなく、当然ながら職場の人間関係は次第に難しくなっていきました。

　そしてある日、施設長に呼び出されて言われたことは、「笹森さんは他の人より30分も早く出勤しているのに、どうして施設の前を掃除するなど、そういうちょっとしたことが考えつかないのですか？それから、あなたは集団が見えていない。ここは利用者が集団生活をしながらの生活介護の場なのだから、それではいけないと思いますよ。何事も言われないとわからないのでは仕事になりません」という内容でした。

　……ショックでした。頭ではわかっていたのです、そんな自分であることは。でも、それをどうしたらいいのか、何がいけなかったのか、それがわからないだけでなく、過去から散々積み重ねてきた失敗体験も影響し、自責と他責でひどく沈み込むようになりました。こんなろくに仕事もできないような惨めな人間は、この世から追放されても仕方がない、いや、いない方が社会のためだと思ったこともありました。両親からは欠格人間と呼ばれ、ひどい抑うつ状態に落ち込みました。

　その後、抗うつ薬の効き目のなさや改善されないうつ状態の根源には、どうやら別の何かがあるようだということから、発達障害の診断につながりました。

　そこからが、私の人生の本番になりました。

◎ 障害の受入れと自己理解

　私に足りなかったことは、職業スキル以上に「自分には何ができて、何ができないのか」という把握、いわゆる「自己理解」の部分だったと思います。

　そこでまずは、「自分を知ること」「ありのままの自分を受け止めること」から始めました。夢中になって発達障害の特性と自分の過去や現在を照らし合わせ、過去の自分の記録や資料を見返しながら、専門家の話を聞いて勉強し、分析をして振り返りと整理を行いました。人生のどの場面においても自己理解は大切だと思いますが、就労を考えるステージにおいては、とりわけ重要になると今にしてつくづく思います。

　そして、私が次に取組んだことは、「自分にできることを探すこと」でした。ありのままの自分でよいとはいえ、そこで終わるのではなく、自分なりの前進の可能性を考え探ることを始めたのです。

　自分の障害とその後に判明した息子の障害をありのままに受け止めながら、私が自分なりに探った道は「発達障害者による発達障害者支援の道」でした。

　私の強みはさまざまな視点があることです。その強みを活かして、自分ができることで社会の役に立ちたい、そして自分も成長したい、子どももサポートしていきたいという思いから、精神保健福祉士を目指しました。家事や育児、啓発活動で忙しいなか、40歳を目前にして再び4年制大学への入学を決意したのです。まさしくADHD（注意欠陥／多動性障害）の血が騒いだとしか思えないスピード入学でした。

　大学では、アスペルガー症候群らしさの強い好奇心と過集中する力でさまざまな学問をおさめ、4ヶ月間の現場実習と国家試験を突破し、私は"正式に"就労することを目標としました。

夢の実現へ

　また、それに併せて、実はもう一つの目標を設定したのです。私がそれまでに就いてきた職はアルバイトやパートばかりで、扶養家族から外れたことがありませんでした。そこで、今の自分でどこまでできるか頑張ってみたいという思いもあり、扶養から外れて独立することを目指しました。

　そして今、私は神戸市にある就労移行支援事業所「クロスジョブKOBE」に常勤し、発達障害を持つ方の就労のお手伝いをしています。被保険者に夫ではなく自分の名前が入った健康保険証を持ったときの喜びはひとしおでした。

　現在の職場では、おそらく周囲の方々には相当、陰で支えてもらっていると思いますが、日々感謝しながら、誠実さや謙虚さ、素直さをできるだけ忘れないように心がけ、自分にできることは何か、できないことをどうするかを常に考えながら仕事に取組んでいます。

　自己理解が進んだことで、うつ状態になるほどのダメージは受けず、誤ったことは自分なりに受け止められるようになり、ストレスマネジメントや体調管理をしながら、社会の中で働くことの楽しさ、喜びを社会の多くの方々から毎日教えてもらっています。

　「発達障害があるから働けない」のではなく、障害理解や自己理解、他者理解の中で挽回は十分果たせること、そして自身の強みで補えることも数多くあること、障害はその人そのものが「障害」なのではなく、その人の中の一部にだけ社会生活上の困難があるのだということがわかれば、可能性は無限に広がり、それを広げるか広げないかは自分次第なのだ……ということもあわせて今、思うところです。

第4章

企業からの Question

企業で活躍してもらうために

　現在、障害者雇用を積極的に進めている企業は多数ありますが、障害者雇用を長きにわたって経験している企業の中でも、発達障害について十分な知識を持っている企業は少ないのではないかと思います。発達障害の理解の難しさは外見からはわからないだけではなく、特性は一人ひとり異なり、まったく同じ特性の人はいないことに起因するのではないでしょうか。そのため発達障害に関する書籍を読んでも、発達障害の社員の個別の苦手さや困りごとを察知することは難しく、本人の話を丁寧に聞き、適切な対応を取るのが最善の方法と思われます。

　特に発達障害の中でも知的に能力が高く、しかも言語能力も高いタイプの人たちの場合は仕事のスキルがある人も多いので、苦手さの部分は理解されにくく、マネジメントや高度の交渉などが必要とされる場面でなければ、その特性は現れません。しかし、職場の上司や指導をする方々は彼らの独特の物事の捉え方を知っておく必要がありますし、彼らを成長させていく義務があります。この章では企業からの質問に答え、発達障害を持つ人の特性と行動を説明し、場面ごとのよくある事例と対応策を紹介します。人事担当者は発達障害について知識を持っていても、実際の配属先は発達障害を知らない方ばかりということが多いのではないでしょうか。配属先の方々が発達障害を持つ社員と一緒に仕事を進めていく中で想定していなかった問題が生じるかもしれませんが、それは知識として知ることにより、問題なく乗り切っていけるものです。雇用する側と雇用される側の双方の理解が進むことにより、発達障害を持つ方の活躍の場が広がるでしょう。

> **Q** 仕事の進め方を確認せずに自分勝手に進めてミスをします。どうしたら改善されますか？

A 叱るのは何の効果もありません。「マニュアルがあればそれに基づき手順を徹底する」「作業手順は事前に必ず確認する」「フォローアップを行う」という手順を繰り返して改善を図るとよいでしょう。

　発達障害を持つ人は他者とのコミュニケーションをうまく取れないことから、確認が不十分なままに仕事を進めて仕事の方向性を誤ることがあります。仕事の手順がわからないときは、上司や同僚などに聞いて確認すればよいのですが、質問や相談をするのが苦手な人がとても多いのです。質問したいことがあってもいつ相談してよいかタイミングをつかめずに、確認できないまま自分の判断で勝手に進めてしまい、その結果ミスをしてしまうことがあります。

　そこで、業務に定着するまでは、①手順の徹底→②事前のチェック→③作業後のフォローアップという流れが必要になります。一人で担当の業務ができるようになるまで長い目で見守ります。また、業務を一通りこなせるようになっても任せきりにすることなく、仕事の方向性が間違っていないか確認する時間を定期的に持つ必要があります。確認の機会があることで本人の安心感が保たれます。上司や指導係の方にとって最も大事なことは、どんなタイプの当事者に対しても決して叱りつけないことです。発達障害を持つ人の中には、大声でどなられたり叱られたりすると不安が高まり余計にミスをしてしまう人もいます。叱りつけるのではなく、どこがいけなかったかを明確に指摘し、対応策を具体的に示すとよいでしょう。

> **Q 仕事の優先順位がつけられないので困っています。**

A 上司が一日の業務内容を確認し、優先順位を指示します。順位だけを指示すればよく、視覚に訴えるように1、2、3などと順位を記入した付箋を該当の資料や文書に貼付するだけで効果があります。

　発達障害を持つ人の多くは、優先順位をつけて作業することや複数の業務を並行して進めることを苦手としています。それゆえに、どうでもよいことだけをして、肝心なことは時間がなくて結局できなくなることもあります。特性の一つとして時間の概念を持たないため、先の見通しをつけにくいのです。そのため、長期的な計画を立てることが苦手で、ましてや自分で調整することができない人も少なくありません。

　このような特性を持つ社員が安心して業務に取り組めるようにするためには、単一の業務ごとに短い時間の区切りで実行していく方法をとらせるのがベストです。特に就業して間もない頃は、上司または指導係による優先順位の指示、区切りごとの確認とフォローが非常に有効です。経験と慣れにより次第に自分一人で確実にこなせるようになります。

　発達障害を持つ社員に強く意識して習慣づけるべきことは、①最優先事項を一つだけ決めること、②やるべきことを忘れないように目につく場所にメモを貼ることです。そして、③突発や緊急の事態が発生した場合には最優先で対応することをあらかじめ話し合い、細かいところまで準備をしておくことが必要です。体調により作業能力が変化する社員もいるので、職場の上司などは特性を十分把握し、フォローすることが求められます。

第4章 企業からのQuestion

Q いつも締切りに間に合いません。どうしたらよいですか？

A 締切りの重要性を周囲が気づかせてあげるしかありません。上司または指導係による頻繁な進捗確認が有効です。

　発達障害の特性の中で、「締切りに間に合わない」ケースはよく知られています。その理由は、その社員のタイプにより異なります。
　ADHD（注意欠陥／多動性障害）傾向の人は、計画的に物事を進めることが苦手です。長期的な作業にはモチベーションを保てませんが、すぐに行動に移し熱中する傾向を活かせば短期的な業務には向いており、大きな成果をあげられる可能性はあります。一方、多動性を伴わないADD（注意欠陥障害）傾向の人の場合は、締切りがわかっていてもぐずぐずと先延ばしして、結果的に期限に間に合わないことがあります。
　発達障害の特性として、時間の概念がないため先の見通しを持ちにくいということがあります。そのため、時間の余裕を見込まず無理な計画を立ててしまうこともあります。さらに、「時間配分を考えずに作業を進めて、気づいたら締切りに間に合わない」「締切りまでに時間がないとわかっていても、自分のやり方を変えられない」「他の社員のミスが気になり、直さないと気が済まない。そのため作業開始が遅くなってしまった」など、期限を守れない理由は多岐にわたります。発達障害を持つ社員の能力を活用するためには、個別の特性を理解したうえで、周囲による進捗確認が必要です。そして、仕事をするうえで締切りがどれほど大事で、締切りを守れないと評価が下がるばかりか、社会的信用までも失ってしまうということを示すことです。

Q どこまで詳しく仕事の内容を説明すれば理解してもらえますか？

A この先何をすればよいかということは気づきにくいことが多いので、細かい部分まで指示を与えます。仕事内容の説明は、詳しいに越したことはありません。

　発達障害の特性として、目の前の仕事には集中して取組むものの、全体の流れを把握することや先の見通しを持つことは苦手としています。したがって、発達障害を持つ社員は、仕事の段取りなど細かい部分まで決まっているマニュアルがあると処理を迷うことなく安心して作業を進められます。また、複数の指示を同時に与えると混乱する場合があるので、一つの内容に限定した、明確で具体的な指示を出す必要があります。難しい課題の場合は、内容を細かく分けて、例を示しながら説明するのが効果的です。加えて、趣意説明をすることで全体の中での自分の仕事の位置づけが理解できれば、仕事に対するモチベーションも保たれやすくなります。さらに、仕事に慣れるまでは上司や指導係が仕事の途中でこまめに進捗確認を行い、方向性が間違っていないかを確認することをお勧めします。

　発達障害を持つ社員の中には、新しいことを覚えるのに時間がかかる人も少なくありませんが、決して能力が低いわけではなく情報の処理に時間がかかるだけです。できるようになるまでに時間はかかるものの、覚えたことは決して忘れず、ルール通りに正確にこなします。もちろん経験を積み重ねることにより、一人で対応できるようになっていきます。特性を理解し、長い目で見てもらいたいと思います。

Q トラブルや困っていることをすぐに話してくれないのはどうしてですか？ 手遅れになってしまうので困ります。

A 発達障害を持つ人は、相手が怒っていることに気づかないことがあります。お客様対応のトラブルはすぐに上司に報告するように、とあらかじめ明確な手順を定めておく必要があります。また、定期的に進捗を確認する時間を設けるとよいでしょう。

　発達障害を持つ人は、他者の気持ちをくみ取ることを苦手としています。言葉を字義どおりに受け取り、言外に含まれる意味をくみ取りにくいため、接客でお客様の嫌みや苦情にも気づきにくいのです。人の表情を読み取ることが苦手な社員に対しては、自分一人で対応せずに早めに上司などに対応を引き継ぐことを決めておくことが大切です。

　また、発達障害を持つ人は、急な変更などに臨機応変に対応することができません。規則性を好むため、突発的な出来事が発生すると予測不能な変更にどう対応してよいかわからず混乱してしまいます。このような状態になると、冷静に問題解決を図ることは難しいでしょう。

　さらに、自分が困っていることを言い出せない人は少なくありません。周囲が忙しく仕事をしている中、いつ相談してよいか躊躇しているうちに時間が経過し、問題が大きくなってしまうこともあります。

　これらの問題には、周囲がいち早く困っていることに気づき、声をかけるのが最善の策です。また、事務的な業務でも困りごとを周囲に相談できず、自分で抱えてしまう人がいます。これには、定期的に業務進捗を確認する機会を設けることが有効です。それによって、自分の進め方を確認する場があるという安心感を持って仕事に取り組めるでしょう。

Q 入社してずいぶん経ちますが、いまだに仕事の進め方について聞いてばかりなのはなぜですか？

A 自分のした仕事が間違っていないか心配で仕方がない人が少なくありません。心配なときは、聞く回数も多くなります。

　発達障害を持つ人の中には先々の見通しが持てないために、この仕事は難易度が高いかもしれないと考えたり、締切りに間に合うかどうかなど不安を感じやすい人が多く（p.148参照）、わずかな仕事上の変化でもストレスやプレッシャーを感じてしまうことがあります。例えば、発達障害を持つAさんが、自分の仕事がきちんとできているか心配で上司に相談したときに「Aさんも時間が経てばできるようになるよ」と言われたことがありました。この対応では本人の不安は解消されません。「Aさんは現在会社が期待する仕事の約6割程度できています。あと半年で8割のところまで持っていきましょう」と言われれば、本人は自分の現在の状況がわかり、半年後の目標を理解します。目標がはっきりわかれば、その目標に向けて愚直に努力していく人が多いのです。

　また、仕事の指示の出し方でも本人の不安はずいぶんと解消されます。具体的には、①マニュアルを用意する、②細かい指示を出す（この仕事はここが重要で、あとはいつ頃どの程度注意を払えばよいかなど）、③仕事上のわずかな変更もできるだけ早目に本人に予告することなどがポイントです。仕事の進め方が具体的にわかると安心して仕事をこなせますが、不安やストレスが大きくなると、当然ですがパフォーマンスが低下します。日頃から定期的に声をかけ、具体的な指示を出すと同時にこまめに進捗状況を確認することが大切です。

Q 話が長くて困っています。どうしたらよいですか？

A あらかじめ話を聞くことのできる時間を具体的に伝えてから話を聞き始めるとよいでしょう。事前に対応できる時間を予告することで本人に心の準備ができ、比較的スムーズに話を済ませられます。

　発達障害を持つ社員が一生懸命伝えようとしているのを途中でさえぎることもできず、話につきあってしまい時間を占有されて困った、という体験を持つ上司や人事担当者は少なくないと思います。

　発達障害の人の特徴の一つとして、自分の考えを要約して相手にうまく伝えることが苦手ということが挙げられます。実際、自分の思いや考えを話し出したら、自分の思いのたけをすべて出し切るまで話し続ける人はよく見受けられます。本人は相手に伝えたいという気持ちでいっぱいで、相手の都合を考える余裕もなく一気に話しています。

　そもそも発達障害を持つ人の中には、失敗してもその理由がわからないという人もいます。失敗の原因をつかめないので、それを解決することもできません。それに加えて、自分の考えていることをまとめることが苦手です。そのため、思っていることをすべて相手に伝えようとするのです。つまり、この状況をなんとかしたい、でもどうしていいかわからないから教えて欲しい、という気持ちが高まり、しかしそれをうまく説明することもできず、その結果、話が一方的になり、長時間に及んでしまうわけです。

　このような特性を持つ社員に対しては、次のような対応策が有効かと思われます。

対応時のポイント

● 制限時間を伝える

話したいことがあると言われたら、「15分しかないけどいいですか？」などと事前に断ってから話を聞くとよいでしょう。また、定期的な人事面談の場合は、あらかじめ面談の所要時間を伝えておきます。

● 残り時間を伝える

話が長くならないように、面談などの途中で、「あと5分です」などと残りの時間を伝えることは効果があります。

● 内容を切り分ける

話の内容が仕事と職場以外の事柄に及び始めたら、「職場で聞くのは仕事と職場のことです」と内容を切り分けます。

● 文書にまとめてもらう

発達障害を持つ人の中には、予定された時間内に自分の話したいことをすべて伝えられないと、不完全燃焼からフラストレーションを感じる人もいます。それを回避するために、伝えたい内容をあらかじめ文書としてまとめてもらう方法もあります。作成した文書を人事担当者に提出することによって、もし時間内に話し終えることができなくても、本人の「伝える」という目的が達せられます。口頭で自分の考えをうまく伝えることが苦手な人でも、文章で表現することは上手な人がいるので、一度試してみるとよいかもしれません。

企業の中には、発達障害を持つ社員の就業開始にあたって、社外に支援者を決めて就業後もサポートをしてもらうことを推奨する会社もあります。さまざまある支援機関の中から支援者を決めておき、仕事以外の相談ごとについては、その支援者に相談するように促すのが最善策と言えます。

Q 机の上が乱雑で何度注意しても直りません。

A 注意されるだけでは、何をどう整理してよいのかわからないのです。指摘するだけでなく「不要なものは捨てる」「使ったものは元の場所に戻す」など整理の仕方を繰り返し教えることが大切です。

　発達障害の特性の一つとして、「片付けられない」ということがよく挙げられます。特に多動を伴わないADD傾向の人に見られますが、手先が不器用なことと、求められる整理整頓のレベルに気づいていないことから、「片付けられない」人とされてしまうことがあります。IQ（知的指数）の低くないこのタイプの人は、周囲に特性を気づかれないことが多く、寡黙で思考も作業も人より遅いことから、怠けている、能力がないと誤解されがちです。加えて、不器用さから一度に一つの作業しかできません。一日の時間の使い方もうまくありません。

　このような特性を持つ社員に対して「片付けなさい」と注意するだけでは改善は期待できません。対応策として、「書類はこのようにファイリングする」「伝票はここに保管する」「文房具はここにしまう」など具体的な指示を出し、かつ実際にやって見せることが有効です。資料や伝票はどのくらいぴったりと角をそろえる必要があるか、具体的にどのようにとじればよいかを手本として見せながら教示するのです。一度教えれば、次回からは合格点を出せるファイリングができているはずです。

　個々に異なる発達障害の特性を正しく理解したうえで、単に「叱る」「注意する」のではなく、必要なやり方を具体的に教える指導を心がけてもらえればと思います。

> **Q 当初の期待以上に仕事ができています。今後はそれほど特性を気にする必要はありませんか？**

A 傍目にはそつなく仕事をこなしているように見えても、本人は毎日必死に努力を重ねて苦しい思いをしているかもしれません。定期的に面談の時間を設け、本人に状況を確認することをお勧めします。

発達障害を持つ人の中には不安を感じやすい人が多く、ちょっとした仕事上の変化でもストレスやプレッシャーを感じてしまうことがあります。仕事を並行して行うことに苦手さを感じている人にとって、毎月の忙しい時期に新たな作業を頼まれるだけでも大きな負担になります。言語能力が高いと仕事も早いように思われがちですが、発達障害の人の中には言語能力が高くとも仕事の処理のスピードが遅い人は少なくありません。月全体でならせばできる仕事の量でも、彼らにとっては複数の処理がある時期に重なるとこなせないことがあります。ましてや、「仕事が予想以上によくできているようだからこれもお願いね」と簡単に言われたら、必死に毎月の作業をこなしている本人にとっては大きなショックに違いありません。定型業務以外の業務、例えば年単位で行う業務でも、すべて一人で企画を考え、実行しなければならない業務を依頼されることも大きなプレッシャーとなりえます。

以上を踏まえつつ、本人の適性を十分に理解したうえで仕事を任せることが大切です。また、自分から言い出せないタイプの場合は、不安が募ると仕事中でも涙が止まらなくなる人もいます。そうなる前に、定期的に話を聞く時間を設ける、または様子がおかしいと思ったら声をかけるなど、継続的な対応と特性を踏まえた配慮が求められます。

Q 本人の障害に関して、どこまで社内周知をしておけばよいですか？

A その社員の特性にもよりますが、あらたに採用して配属するのであれば配属先の部署には周知が必要です。

　発達障害を持つ人の特性は個々に異なります。明らかに個別の配慮が必要と思われる人もいれば、一般就労で長い経験を持ち、少し話をしただけでは何の問題もないと思われる人もいます。一般就労経験者であっても留意したい点は、対人コミュニケーションの問題と、希薄な共有意識による誤認識の可能性です。対人コミュニケーションの問題としては、外部からの問合せに対応しなければならない業務や交渉の必要な業務を苦手とすることです。また、人前で説明をするような場面も得意ではありません。希薄な共有意識については、暗黙の了解やあうんの呼吸などは苦手の最たるもので、どうしても状況を完全に把握できないことが発生すると予想されます。したがって、職場内のコミュニケーションがうまく取れなかった際の誤解を防ぐためにも、あらかじめ配属部署のメンバーにはこのような特性について説明し、理解を得ておくことが望ましいと考えます。また、社内で仕事上のやりとりをする部署にも同様に伝えておくのがよいでしょう。参考までに、発達障害を持つ社員を雇用している企業に聞いてみたところ、特性を伝えているのは配属部署のみで、全社内には周知していないと回答する企業が大きい割合を占める結果となりました。なお、配属部署以外にも特性を開示するかどうかは、基本的に本人の意向を確認します。他の人に伝える前に本人の意向を確認するというスタンスは非常に大切です。

> **Q** 知識として知っている発達障害の特性と目の前の当事者の特性が異なるのはどうしてですか？

A 発達障害の特性が個々に異なるということに加え、人によりいくつかの苦手さを合わせ持っていることもあります。一人ひとりに個性があるように、特性も一人ひとり異なるところに理解の難しさがあります。

発達障害とひと口に言っても、アスペルガー症候群、ADHD（注意欠陥/多動性障害）、学習障害、高機能自閉症など多岐にわたります。小・中学校では学習障害やADHDの傾向が目立った生徒が、大人になるにつれてその症状が改善される一方、逆に成人になって対人関係や仕事がうまくいかなくなり、職場で困難を抱える例が昨今増えてきました。

この10年余りの間に医療や教育の分野では発達障害に対する理解が進んできましたが、一般社会まではいまだに理解が及んでいません。また、発達障害に関する書籍が多数出版されていますが、発達障害の知識は、書籍を読むだけですべて得られるようなものでもありません。

発達障害の中でも高機能自閉症あるいはアスペルガー症候群などは、大学までは本人も周囲もまったく気づかずに過ごしてきている方が多いと思います。アスペルガー症候群の場合は豊富な語彙を持ち、言語能力もありますが、働き始めてから周囲とのコミュニケーションがとれない、仕事の段取りが決められないなど意外な場面で苦手さが露呈してきます。本人が自分のできること、できないことを十分に理解していない場合もあります。仕事をするうえでの個々の特性による問題と困り度の具合はさまざまです。本人がどんな場面でどんなことで困っているかをじっくり聞き、対処方法を一緒に考えるという姿勢が重要です。

Q 定期面談で注意すべきことは何ですか？

A 事前に予告し、所要時間と面談の目的を伝えておきます。話が一方的に長くなったときは残り時間を告げます。表現するのが苦手な人にはメモにするよう伝えます。

　発達障害を持つ人の中には話が長くなる人（p.152参照）や、話が一方的になる人がいます。話題がずれないように、予定時間と面談の目的および話すべき内容をあらかじめ伝えておきます。話が長くなったり、脱線してしまったときには途中で話を止めます。残り時間を告げるのも有効です。

　口頭で伝えるのが苦手な人に対しては、話したい内容を文書にして持参するように伝えます。要点を伝えるのが苦手で話が要領を得ない人や言葉がうまく出てこない人も手元に準備した文書やメモがあれば、安心して自分の思いを伝えられるでしょう。予定の時間内に話したいことを全部伝えられなかったとしてもメモを提出してもらうことができます。

　面談者が最も気をつけるべきことは、発達障害を持つ社員の質問や要望に対して曖昧な回答や約束をしないということです。面談者は忘れてしまっても、発達障害を持つ社員はその約束を決して忘れません。約束してもらったと信じ、いつその約束を果たしてくれるのかと待ちわびていることがあります。対応できない要望に対してははっきりとできない理由を告げるのがよいでしょう。自分から相談するのは迷惑になるのではと考え、困っていても言い出せない人は多く、そのような彼らにとって面談の場は唯一自分の意見を述べられる特別な場面なのです。

苦しまずに働くために

さいとうクリニック（精神科）医師
合同会社ライムライト　代表　**林　哲也**

　心が苦しいと感じるのはどういうときでしょうか？　愛する人と別れたとき、思い通りに事が進まなかったとき、治ることのない病気やけがをしたときなど人によりさまざまだと思います。発達障害を持つ方は、社会性や対人関係、コミュニケーション力に困難があるため、日本社会の特徴を理解し、適応できないことが苦しさの原因になっている場合があるようです。ここでは、その苦しさについて考えてみましょう。

◎「ウラ」と「オモテ」の社会構造

　日本社会には、いわゆる「ウラ」と「オモテ」があります。「ウラ」とは"本音（ホンネ）"、つまり"本当の自分"のこと、「オモテ」とは"建前（タテマエ）"、つまり"本当の自分を隠すための立居振る舞いや言動"のことです。NHK教育テレビ「にほんごであそぼ」で有名になりましたが、高橋康也著『まちがいの狂言』（白水社、2003年）には、「おもてがござれば、うらがござる。かげがござれば、ひかりがござる。ややこしや、ややこしや。ややこしや、ややこしや。」（一部抜粋）という表現が出てきます。まさにこの"ややこしさ"が日本社会の「ウラ」「オモテ」の基本構造だと言えます。

　日本社会では、この「ウラ」「オモテ」を上手に使い分けることが求められます。最近流行した"KY"（空気を読めない）という表現が、この状況を一番よく表しています。皆さんはKYですか？　この「ウラ」「オモテ」の使い分けにより、本音をストレートに表現しないことや

うわべをまずは取り繕うことが可能となり、日本人は安心感を得ることができるのです。

しかし、「ウラ」「オモテ」を日常生活で的確に使い分けるのは定型発達の方でも難しい場合があります。それは、微妙な状況判断や人間関係の機微を探らなくてはならないからです。この一連の作業は発達障害を持つ方にとって大変苦労する作業となるため、苦しさの原因となって当り前です。

◎ 職場の人間関係に苦しさを覚える理由

さて、この「ウラ」「オモテ」の構造は、仕事そのものや職場の人間関係にも反映されています。仕事とは労働契約であり、契約は一つですので「ウラ」「オモテ」のような二面性が入り込む余地はないはずです。しかし、契約概念の歴史が浅い日本では、契約により定められている仕事に私情が持ち込まれてしまう場合が多く、同時に「ウラ」「オモテ」の構造が反映されてしまいます。顧客の多くは日本人ですので、対応するうえで有効に働く場合もありますが、労働契約にない仕事を要求される、仕事上の問題を客観的に検討し解決できないなどの問題が生じる原因となり得ます。また、職場の人間関係に「ウラ」「オモテ」が持ち込まれると、仕事そのものにも大きな影響を及ぼす事態が起こり得ます。職場の人間関係には、育った家族（原家族）環境が反映されやすいとされており、パワハラやいじめの原因となっています。「ウラ」「オモテ」が人間関係にあると、暴言や暴力、意味のない叱責といった目に見える「オモテ」の行為だけでなく、仕事を故意に妨害する、無理難題を押し付ける、情報の輪から疎外するなど目に見えない所での「ウラ」の行為が起きてしまいます。

発達障害を持つ方の多くは、物事をありのまま、素直に捉えるため、「ウラ」「オモテ」のような二面性が会社に存在するとは思っていませ

ん。この想定が、発達障害を持つ方の就労をより難しくしていると思います。

◎ 「和」の精神を重んじる社会

日本の社会には、聖徳太子の時代から大切にされているもう一つの特徴があります。それは、「和」の概念です。"和を以て貴しと為す"という言葉に集約されています。この「和」は、われわれの祖先が農耕民族であり、農耕という共同作業を行うには不可欠ですので、自然に身に付いた特質なのでしょう。また、直接の争いを避け、責任を皆が共有する日本人の気質にも合っていたと思われます。

英語同時通訳の第一人者である松本道弘氏は、この「和」の精神を持つ日本社会と欧米社会を比較し、日本社会を「納豆社会（Natto Society）」、欧米社会を「甘納豆社会（Ama-natto Society）」と呼んでいます。その意味するところは、日本人は一人（一粒）は同じような顔をしていて（没個性）、味がない（未熟だ）が、納豆のようにたくさんくっつくと味がでる（逆の見方をすれば、みんなでくっつかないと味がない＝生きていけない）社会を構成しており、一方の欧米社会は、甘納豆のように一人（一粒）が違った顔をしていて（個性的）、味があり（成熟しており）、納豆のようにくっつかず一人ひとりが独立している（逆の見方をすれば、みんなでくっつかなくても生きていける）社会を構成しているということです。この比喩は、二つの社会をうまく説明していると思います。

定型発達の日本人の多くは、この納豆社会を小さい頃から生き抜いているので、特に不思議だと感じることはないでしょう。しかし、発達障害を持つ方は、日本に迷い込んだ外国人と同じように個性にあふれているので、この「和」の精神を重んじる納豆社会を生き抜くのは非常に難しいと感じているでしょう。

この二つの日本社会の特殊性に加え、最近は日本人や社会全体が他者への配慮を欠き、幼稚で自己中心的な傾向へと向かっています。それにより「ウラ」「オモテ」がより鮮鋭化され、「和」の精神が今まで以上に貴ばれ、納豆の糸が強固になっていると感じています。また、日本社会全体が標準化、平板化されたことで、正常範囲が極端に狭められてしまったようです。今や、正常と考えられている範囲から少しでもはみ出した言動をすると、すぐに異常、変わり者というレッテルを貼られてしまい、一度そのレッテルを貼られるとはがしにくくなっています。この傾向は、職場においても認められ、業務評定や人事評価、仕事上の人間関係に影響を与えています。こういった状況は、定型発達の方にとっても大変生きづらいもので、まして発達障害を持つ方には息が詰まるようだと感じることでしょう。

Ⓒ 職業選択のポイント

　このような日本社会で発達障害を持つ方が上手に仕事をしていくためにはどうしたらいいでしょうか？

　一つは仕事の選択肢の幅を広げることです。今の日本の産業は、サービス業を中心とした第３次産業が全体の約７割を占めています。そのため、仕事といえば接客業（営業）やオフィスでの内勤に目がいきがちです。接客業（営業）は、今挙げたような日本社会の特殊性を理解し、顧客対応することが望まれます。また、オフィス内には、日本社会の特殊性が如実に反映されています。発達障害を持つ方がこのような状況を切り抜けて仕事をするのはかなり困難なことだと思います。そこで、仕事の選択肢に、農業などの第１次産業、工場勤務などの第２次産業を入れてみてはどうかと思います。特に、第１次産業は就業者も減っており、食料自給率の維持のために人材を必要としています。また、自然には人間と違い「ウラ」「オモテ」がありません。自

然の厳しさに圧倒されることはあっても、人間のように二面性をもって裏切ることはありません。さらに自然は広大ですべてを包み込んでくれます。疲れ果てた心身を癒す素晴らしい効果もあります。これは信州に生まれ育ち、農業に触れた経験を持つ著者自身が実感していることです。人間関係で苦しむのであれば、農業など第1次産業の体験に一度行ってみることをお勧めします。

　もう一つは、どんな仕事をするにしても、これまで述べた日本社会の特徴を知っておくことです。そういう状況に出くわしたときに、もしかしたらこういうこと？　と気付くだけでも気持ちに余裕が出ますね。ただし理解するのは難しいと思いますので、心配なことに出会ったら、自分が見聞きし、解釈した内容を、信頼できる人に早いうちに話をして確認してもらいましょう。また、理解できない状況にぶつかったときは、素直に理解できないと言いましょう。わからないままにしておく、わからないのにわかった振りをするのは、誤解を招くだけです。事後承諾は仕事でもいい顔はされません。あとから訊けばいいという考え方をしていると、自分の居場所がなくなるかもしれません。その場で訊いて解決することを習慣にしましょう。

　発達障害を持つ方の、個性的で素直でストレートな面が重用される仕事環境は、定型発達の方にとっても仕事がしやすいはずです。今までの日本社会の特徴にとらわれない職場づくり、産業づくりに役立つスターとして頑張りましょう！

第5章

経験者への Question

経験者に聞く

　発達障害を持つ方の中には、自分が就職して働くイメージを持つことができない人が少なくありません。そのために就職活動で苦戦する人が多いと思います。この章では就職活動の経験者にインタビューを行い、経験をできる限り具体的に語ってもらいました。経験者の方々が当初どのように考えていたか、現実はどうだったか、その現実を受け入れどのように対処したか、どうして障害者雇用枠での就職を決意したのか、という就職活動から就職までの過程を知ることが、これから就職活動を始める方々にとって最も役立つ情報と考えるからです。就業中の人は現在担当している業務の内容について詳しく語っています。このように具体的な仕事の内容を知ることはこれから就職を目指す人、特に新卒学生にとって非常に有益な情報です。就職活動における課題はそれぞれ異なるとは思いますが、多くの経験者の話を聞くことにより、何らかのヒントが見つかるのではないかと思います。

　そして、働くイメージを持つことが苦手で、先の見通しを持ちづらい皆さんが働き始めると、自分が思っていたことと違うという状況が頻繁に発生します。経験者の方々から、入社するまでは会社がこのような組織になっていること、仕事の流れがこのようになっていることはまったくわからなかったという感想をよく聞きます。自分が思っていたことと現実とのギャップをどのように受け入れたのか、現在はどのように仕事をしているのか、現在どんなことで困っていて、自分でどのような工夫をしているのか。現在就業中の方の経験談は、日頃情報を交換しにくい当事者の方々にとって参考になるに違いありません。

> **Q 就職活動で一番困ったことは何ですか？ それをどのように乗り越えましたか？**

「私はこれまで他の人とコミュニケーションを取ることをずっと苦手に思いながら過ごしてきました。就職活動では自分にとって一番苦手なコミュニケーション力と協調性が求められていることを知り、途方にくれました。自分の最も苦手とするコミュニケーション力を面接でアピールすることなど不可能だと思いました。そこで、他に何か強みになることを身につけようと思い、パソコンの技術を身につけることにしました。パソコンの MOS 検定に合格し、履歴書の資格欄に記入できる内容ができたことで安心しました。また、自分の苦手なコミュニケーションについては、当事者会の集会やセミナーなどにできるだけ参加するようにしました。コミュニケーションのちょっとしたコツや他の人も同じように苦労していて自分だけではないということを知り、自分なりに努力していこうという気持ちが固まりました」（A さん）

「エントリーシートの作成の準備で苦労しました。私はサークル活動もアルバイトも経験していないので、自己 PR として書けることが何もありません。大学のキャリアセンターの方からは自分の棚おろし作業をすることを勧められ、実際に取り組みましたが、どうしても書くことができません。結局わかったことは、自分自身のこともよくわかっていないということでした。そこで、とにかく"書き出す"ことをしました。自分が考えていること、好きなこと、苦手なこと、できること、できないこと、できそうなこと、やりたくないことなどを"書く"ことで自分を知るための努力をしました。書き出してみて、自分のことについては

ある程度理解が深まり、客観的に表現できるようになっていきました。私は自分一人でこの作業を行いましたが、それが正しいかどうかを第三者に見てもらったほうがよかったのかもしれません」（Bさん）

「自己PRに悩みました。私は学校生活でもうまくいかなかったことばかりで、成功体験がありません。自分が納得して自己PRに使えるようなエピソードがどうしても見つからないのです。そんなとき、支援者の方に相談したところ、ボランティア活動への参加を勧められました。1日限りのイベントでしたが、実際にボランティアとして参加してみるとさまざまな人が個人の立場で参加していることを知りました。初対面でも皆さん優しく、不慣れな私も当日の役割を無事に果たすことができました。初めて自分の役割を果たすことができたという達成感があり、このエピソードは自信を持って自己PRとして書くことができました。自分一人ではこれもダメ、あれもダメと決めつけてばかりでしたが、支援者のアドバイスにより自分の納得のいくエピソードができました。思い切って相談してみてよかったと思います」（Cさん）

「学業と就活を並行して進めることができなかったことです。レポートの提出や試験をなんとかこなし、卒論の目途がついたところで、ようやく就活する余裕ができたときには同級生のほとんどは内定をもらっていました。あわてて就活らしきものをしてみましたが、就活のポイントがつかめていないばかりか、すでに就活のピークを逃し、受けたい企業も見つからないという状況でした。それでも数十社に応募しましたが、面接に進んだのはわずか数社で、いずれも不合格でした。在学中にもっと早く就活に取組むべきだったと後悔しています。私は並行して活動することが不得手だったので、入学と同時に就活を考えて授業や論文の計

画を立てておけばよかったかもしれません。いま思えば、単位をできるかぎり早く取得し終え、3・4年次には週1～2日は就活に専念できるようにしていれば、就活を進めやすかっただろうと思います」（Dさん）

「私は人と会話することが極端に苦手です。企業面接会やインターンシップへの参加をはじめ、企業訪問もいくつか回ってみましたが、どの企業でもコミュニケーション力が求められ、自分でも応募できる企業や職種がないか考えてみましたが思いつきませんでした。そこで、少しでも体験することが必要と考え、利用できる職業訓練や企業実習に実際に参加してみました。自分では人並みに作業ができるつもりでいたのですが、初日に手順を間違えてパニックに陥ってしまいました。他の人と同じようにはできない自分に気づき、ショックを受けたばかりか気持ちのうえで落ち込んでしまいました。その後、自分の特性を受入れて、障害者雇用枠で就職を目指そうと決心しました。現在は自分のペースで就職の準備をしていこうと就労移行支援事業所に通い、実力を身につけているところです」（Eさん）

「自分はアルバイトもサークルも経験しなかったので、自己PRの材料を見つけるのに苦労しましたが、支援者に相談すると自己PRの書き方を一緒に考えてくれたので早い段階で解決することができました。しかし、面接ではまったく手ごたえがなく不合格続きでした。その後、自分の準備不足を反省し、毎回面接で失敗した部分を振り返り、自分なりに何ができていなかったかを分析しました。対応できていなかった部分をしっかり準備して次の面接に臨み、最終的に内定を取ることができました。入社してからも日々努力の連続ですが、困ったときには家族や支援者に相談しながら現在の仕事を続けていこうと思います」（Fさん）

> **Q 大学の就職課で教えてもらったこと、サポートしてもらったことは何ですか？**

「大学主催の就職ガイダンスがあり、昨今の就職活動にはコミュニケーション能力が重視されること、資格に頼らない就職活動の必要性などの説明を受けました。私は口数も少なく、周囲とうまくコミュニケーションを取ることができません。就職にあたって、自分の苦手なことばかりが必要になるとわかり、とても不安になりました。

その後、就職課では個別面談で話を聞いてもらい、エントリーシートの添削や面接模擬練習もしてもらいました。個別相談は、ベテランのキャリアカウンセラーや就職担当教員などが担当してくれました。そこで自分の棚おろし作業を勧められたので、書いて提出したところ、「思ったよりエントリーシートに記載できる項目が多いですね」と言われましたが、自分で成功したと思う経験がないため、納得してアピールできる内容がどうしても見つかりませんでした。

そもそも私がエントリーシートを書けなかった理由は、自分が仕事をするというイメージを持てなかったからだと思います。一人のキャリアカウンセラーの方が親身になって何度も相談にのってくれて、ようやくエントリーシートが完成し、面接練習にも何度もつきあってくれました。そして大手企業でなくとも自分を受入れてくれる会社があることを願い、応募を続けました。しかし、企業からはお祈りメール（不採用通知）が続き、落ち込んだこともありました。そんなときもキャリアカウンセラーの方から励まされ、一喜一憂が続き、卒業直前にようやく1社から内定をもらうことができました。支援者なしでは、私は最後まで就職活動を続けられなかったと思います」

> **Q** 障害者雇用枠で働こうと考えたのはなぜですか？

「大学入学後、販売のアルバイトにチャレンジしたのですが、器用でないので売り場の準備をする作業が遅く、一緒に働く職場の人たちに迷惑をかけてしまうことが続きました。自分なりに努力をしたつもりでしたが、店長から注意されることが多くなり、いたたまれなくなって辞めました。その他接客のアルバイトもいくつか経験しましたが、短期間で辞めてしまいました。大学生活そのものもうまくいっているわけではなかったので、とても落ち込みました。そんな折、テレビ番組で発達障害のことを知り、就職もアルバイトもうまくいかないのは発達障害のせいかもと思い、診断を受けました。就職の相談に訪れた窓口で手帳の取得や障害者雇用枠での就労のことを教えてもらいました。大学をなんとか卒業し、アルバイトをしながらパソコンを習い、障害者雇用枠での就職活動を開始しました。面接に影響がないようにアルバイトは夕方からのシフトを選びました。昼間は十分に時間があるので、落ち着いて就職活動に取組むことができました。パソコンは自分で努力し MOS 検定を取りました。履歴書や自己紹介書の書き方、面接練習などは公的機関や民間の支援者の方々にときどき相談にのってもらいながら、大学を卒業して1年6ヶ月後に就職することができました。私は就職活動を基本的に一人で進めていましたが、ときには支援者の方に相談することで情報やアドバイスをもらえたことが就職にとても役立ちました」（Aさん）

「大学時代に心療内科に通院を始め、現在も月に1回通院しています。一般枠で就職活動をしましたが、主治医からも極力残業は避けるように

と言われていたので、一般の企業で総合職として残業をいとわず働くことは不可能だと思いました。その後、現在の会社に障害者雇用枠で入社しました。会社に入るまでは知りませんでしたが、法定どおりなら初年度の有給休暇は、入社6ヶ月経過後に10日間付与されます。なかには、通院のための休暇制度を定めている会社もあるそうですが、平日に通院すると有休休暇がない入社6ヶ月間の通院は欠勤扱いとなります。私は働き始める前に通院は平日から土曜日に変更したので、通院のために休暇をとることはありません。現在は1日1時間程度の残業をしていますが、周囲の方はもっと長時間の残業をしています。あらかじめ残業は避けたいとお願いしているので、これくらいの残業時間数で済んでいるのではないかと思います」（Bさん）

「一般就労をしていたときの激務で身体を壊してしまいました。病院では完治したと言われましたが、一度痛めてしまった身体のダメージは大きく、体調を考えると長時間の残業ができないため、一般就労は難しいと思いました。身体を大事にし、無理をしないで働く方法はないかと考えたときに障害者雇用の存在を知りました。ちょうどその前後に発達障害ではないかと言われたことをきっかけに検査を受けて診断が下り、手帳を取得しました。私は一般就労の経験が長いのですが、人間関係を損なわないようにコミュニケーションを取ることは私にとって荷が重いと感じることもありました。そこで自分の特性を開示して、極力一人で完結できるような就労環境を求めました。実際に欲しい配慮は残業が多くないことだけだったのですが、配属された職場は珍しくあまり残業をしない（残業をさせない）職場でした。結果的にこれまでに経験したことのある業務を任され、残業も多くなく、また困ったことがあれば相談できる人がいるという理想的な環境で仕事ができています」（Cさん）

> **Q 障害者雇用枠での就職活動はどのようなものでしたか？**

「就職活動は人並みにしましたが、一般枠での就職活動では手ごたえがなく、1年間の職業訓練を経て障害者雇用枠で就職しました。履歴書上の職歴がブランク（空白）になってはいけないと思い、卒業と同時に職業訓練を受講しました。世間で言われているとおり新卒者の就職環境はとても厳しくなっており、就職活動で結果を得られず就職浪人となった同級生は自分以外にもたくさんいたのではないかと思います。私の場合、一人で就職活動を進めると得られる情報は限られてしまうと思っただけでなく、毎日通う場所がなく、自分の居場所がどこにもないのも不安だったので職業訓練を受けることを選択しました。私が受講したのは一般の公的な職業訓練です。職業訓練を受けながら訓練終了後の就職活動に向けて準備をしました。その間に自分の特性を見つめ直し、診断を受け、障害者手帳（精神障害者保健福祉手帳）を取得しました。自分のさまざまな苦手さを考えると障害者雇用枠で仕事をするのがよいのではないかという結論に至りました。その後はIT関連の資格を取得し、障害者雇用枠で就職活動を始めました。しかし、始めはなかなかうまくいきませんでした。ハローワークの障害者求人や障害者専門の就職情報サイトには大企業の求人が多数出ていましたが、チャレンジしても軒並み不合格でした。その後、試行錯誤をしながら就職活動を進め、1社を経て、現在の会社に入社するまでに2年間かかりました。現在の職場は特性を理解されていることもありますが、仕事を任せられているので満足しています。回り道も現在の仕事を得るまでに必要な過程であったと思えます」（Aさん）

「就職活動での度重なる失敗で落ち込み、自分の将来の進むべき道も決まらず、先の見えない不安が大きくなっていきました。心療内科を受診した結果、適応障害という診断を受けました。大学は卒業しましたが、就職活動をするべきタイミングを逃し、就職先が決まらないままでした。やむなく派遣社員として就業を始めました。配属先は従業員の少ない職場で、社員の方々は常に外出しており、私一人だけが事務所にいるという環境でした。そういう意味では自由に仕事をさせてもらいました。

派遣就業の契約満了に伴う退職後、次に就いた職は福祉関係でしたが、人と接し臨機応変な対応を求められる職場では苦手さを感じ、そこで自分の特性と向き合うことになりました。適応障害の原因として発達障害があるとの診断を受け、私は不安になりやすく、一般枠で何の配慮もなくやっていくのは難しいとわかりました。そこで、長期に安心して仕事をしていくためには障害者雇用枠で配慮を得ながら働くのがよいと考え、障害者手帳を取得し、障害者雇用枠での就職を決心しました。手帳の取得から就職活動のサポート、入社後のフォローまで、それぞれ発達障害者支援センター、民間の支援会社、障害者職業センターの支援者の方々にお世話になりました。

私は一般枠での就労経験がありますが、障害者雇用枠で就職活動をしてみて、自分の思っていたほど簡単に採用されるものではないと感じました。想像する以上に採用基準は高かったというのが実感です。支援者の方からは、『障害者雇用枠では自分の特性をしっかりと説明し、職場で欲しい配慮を伝えられることが必要であること』『職場で必要な最低限のコミュニケーション力を身につけること』『一般枠、障害者雇用枠に関わらず、自分の働くイメージを持ち、自分のできることを増やしていくこと』などを指導してもらいました。自分の就職までの道のりを振り返ると支援者の存在が大きかったと思います」（Bさん）

> **Q 支援者からのアドバイスや情報で役立ったことはありますか？**

　「私の就職活動は、ハローワークの窓口で障害者雇用枠の求人を調べることから始めました。すると、フルタイムの求人ばかりで短時間勤務の求人は少ないことがわかりました。短時間勤務の求人はパートタイムで軽作業が多く、事務的な仕事が見つかりません。また私の経験のある店舗やコールセンターなどの仕事はシフト制で夜間の時間帯になる場合があるようでした。私は体調管理のためには日勤のシフトが好ましいだろうと思いました。支援者の方に聞いたところ、『障害者雇用枠の就労は週30時間以上の勤務が常用雇用にあたるが、実際にはフルタイムの求人が多い』『短時間勤務は週20時間以上で、障害者雇用の採用数をカウントするうえで週30時間以上は1名1ポイント、週20時間以上で0.5ポイントと数える』とのことです。障害を持つ人にも戦力としての就労を期待する企業は、フルタイム勤務を望んでいるそうです。

　私はこれまで一般枠でしか働いた経験がないので、障害者雇用枠での就労で何がどのくらい配慮されるのかよくわかりませんが、長く働くためには特性を理解してもらうことが必要かと思います。そして、自分に合う職種は何なのかを支援者の方に相談し、これまでの自分の仕事の経験の中の強み、弱みを整理してもらいました。私は電話応対も人と接することも好きなので、『事務未経験からのスタートであれば総務事務補助の仕事はどうか』というアドバイスをもらいました。支援者から説明を受けたことで、実際の仕事内容を具体的にイメージできるようになりました。また、体力面にも自信が持てるようになったころ、ハローワークの合同面接会に参加しました。参加する前には支援者の方に応募する

企業の求人について相談し、履歴書や職務経歴書の書き方についてもアドバイスをもらい、加えて面接練習もしてもらいました。支援者の方から『面接会では1社1社大事に進めましょう』というアドバイスをもらって2社しか応募しなかったのですが、とんとん拍子に面接が進み、事務職そのものは未経験ながら採用してもらうことができました。一貫したアドバイスが就職に大変役立ちました」（Aさん）

「現在、精神障害者保健福祉手帳の申請中です。これから障害者雇用枠で就職活動を始めようといろいろな方の話を聞いているところです。一般枠での再就職も完全に諦め切れてはいませんが、仕事を続けられなくては何も意味がありません。職場での人間関係の問題を軽減するためには特性を理解してもらい働くのがよいと考えるようになりました。しかし、障害者雇用枠での就労の賃金が一般就労に比較し極端に低いと話に聞いたので、生活をしていけるかどうかが気がかりでした。

　そこで、支援者の方に相談したところ、『賃金は障害者雇用枠の求人すべての賃金が低いわけではなく、企業や職種により異なる』という説明を聞きました。障害者雇用枠として賃金を設定している企業は、その業務を簡単なデータ入力や軽作業に限定していることが多く、その場合は賃金も比較的低い傾向があるそうです。一方、障害者雇用枠でも一般枠の職種ごとの賃金体系を適用する企業では、例えば簡単な事務で月あたりの賃金は額面17〜20万円くらいからのスタートが多いそうです。もちろん勤務時間数や業務内容、地域によりもう少し低い場合もあるそうです。そして、専門のITや経理などの経験を持つ人は一般枠と同じ年収をもらっている人もいると聞きました。年収は多少下がっても安心して長く働いていきたいと思うので、就業しながら特性を理解してもらえる企業を探し、就職活動をしようと思います」（Bさん）

> **Q 仕事を始める前にやっておいてよかったことはありますか？**

　「大学ではパソコンの Word ソフトを使ってレポートを作成・提出していたので、自分では普通にパソコンの操作ができるものと思っていました。しかし、多くの支援者の方から実務では Excel ができたほうがよいとアドバイスをされ、自分でも就職活動を開始してから履歴書の資格欄に記載することが何もないのでは困ってしまう、何か資格を持っておいたほうがよいだろうと考え、MOS（マイクロソフト オフィス スペシャリスト）Excel 2007 の資格を取得しました。

　その後、私は経理事務アシスタントとして就職し、Excel を使って大量の伝票の入力作業などをしています。学生時代のうちに Excel やタイピングの練習をしておいて本当によかったと思います。私はすぐに職場に配属され、OJT（On the Job Training、職場内訓練）で仕事を開始しましたが、入社前にもう一度 Excel のおさらいをしておいたのでスムーズに仕事に入ることができました。あらかじめパソコン操作に慣れておかないと、パソコンの操作自体に戸惑ってしまい、本来の仕事を覚えるのも大変になるのではないかと思います。

　私の場合、現在仕事を終えて帰宅するのが早くても 21 時頃になってしまいます。家に帰ってから何かを勉強する時間はほとんどありません。いまさらながら、入社前に簿記の資格取得のための勉強をしておけばよかったと思います。これから就職活動を始める学生の方にアドバイスをするならば、私は卒論の発表が済んでからはすっかりのんびりしてしまい、早寝早起きの習慣を取り戻すのに苦労したので、社会人になる心構えとして規則正しい生活を心がけてもらいたいと思います」

Q どんな仕事をしていますか？

「経理部の事務アシスタントの仕事をしています。経理の中でも特に経費精算処理と小口現金管理を担当しています。経理の業務は、小口現金管理、伝票発行から仕分け、決算書作成など多岐にわたりますが、仕分けや決算書作成には専門的な知識と経験を必要とするので、私にはとてもできません。私が勤務する会社は営業職が多いため、交通費や出張旅費、経費の精算が大量に発生します。その旅費精算等の伝票チェック、仕訳データ入力、支払業務、ファイリングなどが私の業務です。

実務としては、大量の伝票をテンキーで入力します。最初の頃は指導係から呆れられるほど入力スピードが遅く、毎晩自宅でテンキー入力の練習をしました。次に課題となったのが〝正確さ〟でした。私は視覚認知が弱いのか、桁を見間違えることが多いと指摘を受けました。ミスを減らすために、紙を一行分だけくり抜いたシートを作成し、そのシートを使ってチェックすることでミスを減らしました。このように自分の苦手な部分をなんとかカバーするために工夫をしています。

私がこの業務に就くにあたって職場で用意してくれたマニュアルは情報量が多く、私の処理能力の限界を完全に超えていました。そこで支援者など他の方の協力を得ながら、自分のための見やすいマニュアルを作成しました。このマニュアルを自分で作成したことで、仕事の流れと手順の理解にもつながったと思います。何度も修正を重ね、ページ数も増えて分厚くなりましたが、このマニュアルは私の宝物と同じでいつも持ち歩いています。私は決して器用ではないので、自分のペースでたゆまない努力を続けていこうと思います」（Aさん）

「給与計算業務を担当しています。給与計算業務は各部署からあがってくる従業員の勤怠情報を取りまとめ、月次で更新作業を行います。更新情報を元に各従業員の給与を算出・照合し、給与振込データを期日までに金融機関に送信します。私はこの仕事を始めたとき、給与計算業務は毎月同じことを繰り返せばよいと思っていました。ところが実際には雇用保険や社会保険に関する法律が随時改正されるので、それに伴う保険料の料率の変更に対して随時適切な対応が求められます。また、毎月の締切日までに各部署からデータが集まることになっているはずなのですが、なぜかいつもそろわないのです。そのため各部署への連絡や問合せもしなければならず、自分一人で完結できる仕事ではないと知りました。また、定型業務と言われるような業務でも突発でイレギュラーな対応が発生するということは実際に経験してみなければわからないことでした。イレギュラーな対応が必要なときや自分で処理できないときは、その都度上司や先輩に確認して処理を行っています。それらの事例はすべてノートに書き留めているので、一度経験した事例については次回自分一人で対応できるだろうと思います。日々一生懸命努力を重ねてきて、上司からは「覚えがよい」という評価をもらいました」（Bさん）

「総務担当です。総務部門は社内外からさまざまな依頼や問合せを受けます。電話も頻繁にかかってきますが、私はコールセンターでのアルバイト経験があるので、電話応対は比較的得意です。来客対応、電話応対、見学者対応、社員証作成、備品・郵便物の管理など、業務は多岐にわたり、机にずっと座っていることはできません。しかし、時には身体を動かすことも好きなので、備品の在庫探しや郵便物を部署に配布・回収するためにオフィス内を動き回ることもまったく苦になりません。

総務部門の業務は項目が多いので、すべてを網羅するマニュアルはあ

りません。一つずつ先輩に教えてもらい、実際に経験して自分でできるようにしています。覚えなければならないことは、毎日メモを取っています。メモは取りっぱなしにせず要点をまとめ、自分用のマニュアルを作っています。総務部門にとっては全社員がお客様のようなものです。私は人に接することが好きで何よりも人の役に立ちたいと思っているので、社内の方々から声をかけてもらえるのはとても嬉しいです」(Cさん)

「郊外の都市にある支店に配属され、簡単な資料作成やファイリングなどの業務を行っています。当初は失敗続きでしたが、何回もやり方を確認し、できるだけ丁寧に行うように心がけました。その他、毎月使用する切手の枚数を数えて集計票へ入力する作業、顧客に発送するDMのラベル作成や封入・封緘業務など簡単な作業を行っています。日々の作業は指導係からの指示を受けて行います。作業が終了したら、終了報告をして作業の確認をしてもらいます。支店には来客もあり、電話がたくさんかかってきますが、私は社外からの電話に臨機応変に対応することができないので、電話応対は免除してもらっています」(Dさん)

表2 オフィス内配属事例(部門の一部の業務を担当)

人事部	給与計算、社会保険手続き
総務部	総務事務全般(電話応対、来客対応、業者対応、郵便物の仕分け、搬送、入館証作成、備品発注、資料作成、ファイリング)
経理部	小口現金管理、請求書発行、伝票起票・仕訳、記帳、月次処理、納税申告・納付
支　店	郵便物の仕分け、搬送、備品管理、データ入力、ファイリング、会議資料のコピー、DMの宛名ラベル作成・封入・封緘

Q 企業で働いてみてわかったこと、意外に思ったことはありますか？

「新人のときはわからないことばかりで、上司に対応方法を教えてもらわないと処理できません。ところが私の上司は非常に忙しく、会議も頻繁に開催されます。そのため席を外していることが多く、質問をする機会がないので教えてもらうことができません。仕事ができる人にはあらゆる部署から問合せがくるため、その上司が席にいたとしても、社外や他部署からの電話に対応していることが多く、仕事を教わるタイミングを見計らうのがとても難しいのです。また、社員はそれぞれ担当している業務が異なり、他の先輩に聞いてもわからない場合もあります。「質問する」ということがこんなに難しいこととは思いませんでした。

わからないことがあると、聞くことができないまま仕事が途中で止まってしまうことになります。そんなときは、上司が席にいるときに疑問点を解決できるように、質問をまとめておいて要領よく聞くようにしています。作成した資料の確認が必要であれば、確認して欲しいページにカラーの付箋を貼ります。それを上司の元に持っていき、「この箇所だけ変更がありましたので修正しました。お忙しいところ申し訳ありませんが、○時までにご確認をお願いします」などと依頼しています。上司にその日のうちに会えないときは、その内容をメモにして、資料にクリップで留め、上司の机の目につきやすい場所に置いておきます。次に上司と会うときに口頭でも確認をお願いしています」（Aさん）

「入社して残業が多いことに驚きました。企業のサイトの採用ページには勤務時間も含め、企業の求人の雇用条件に関して詳しく記載されて

います。勤務時間が 9:00 〜 17:30 であれば、17:30 には仕事を終えてオフィスを出ることができるものと思い込んでいました。入社前に残業のある職場だとは聞いていましたが、全員が残業をするわけではないだろうと思っていました。初めての就職なので他の企業のことは知りませんが、実際に入社してみたら定時に退社する方はほとんどいません。最初はできるだけ周りと同じペースで仕事をしたいと残業をしてみたのですが、仕事はエンドレスです。何時に帰れるかわからないことがストレスになってしまったので、自分なりに帰る時間を決めました。

　職場の先輩の中には毎日のように終電近くまで残業をしている人がいることも信じられないことでしたが、有給休暇をほとんど取得しない人がいることにはさらに驚きました。私は月に1回の通院のため有給休暇をとっています。また、体力がないほうなので、とても先輩方のように遅くまで残業をすることはできません。長時間の残業が難しいことはあらかじめ面接で伝えていたので、職場の方々に理解してもらっているはずですが、やはり自分一人だけ早く帰るのは申し訳ないような気がします。毎朝、始業時間より多少早めに出勤するなどして、電話のかかってこない時間帯に集中して作業をするなど工夫をしています。それでも月 10 〜 20 時間くらいは残業をしています」（Bさん）

「新卒で IT 系企業にプログラマーとして就職しました。研修期間中は研修時間も研修プログラムも決まっていたので特に問題なく受講していました。実際に現場へ配属されると、ユーザー先での1ヶ月程度の短期案件が多く、一つの案件が終わるとまた次の案件で他の企業に行きます。1ヶ月〜数ヶ月単位で一つの場所に通うのに慣れたと思った頃、案件終了でまた次の就業場所に通い始めます。会社に入ったら同じ職場で仕事をすると思っていたので、このように転々と場所を変えて仕事をす

るということは思い浮かびませんでした。

　お客様の会社に居候させてもらいながら業務を行っていると、周囲は当然知らない人ばかりなので常に緊張しています。案件が終了して、自分の会社に戻ったときにはホッとしたものです。環境に慣れるのに時間がかかる私にとって、就業場所が決まった場所でないことは正直きつかったです。おまけに残業時間の多い業界で、納期が迫ると終電近くまで残業をする毎日が続きます。毎日何時に帰れるかわからないという状況で不安な気持ちを抱えながら就業していました。結局ストレスがたまり、この仕事は続けられなくなってしまいました。現在は物流の業界で仕事をしているので、業務を終了する時刻はだいたい予測できています」（Ｃさん）

「仕事に就く前は〝定型業務〟とは一律の処理を行う業務で、自分一人で完結できるものというイメージを持っていました。会社に入ってわかったのは〝定型業務〟は日次、月次で発生する会社の決まりごととしての〝定型業務〟であって、皆に同じ対応をするという意味での〝定型業務〟ではないということでした。〝定型業務〟といえども、イレギュラーなことは常に発生し、その都度複数の部署と連絡を取り、確認しながら対応しなければならないことも知りました。他部署からの連絡を待たなければならない場合も多く、自分だけでは予定が立たない仕事も多いとわかりました」（Ｄさん）

「これまで10年以上一般就労をしてきて、初めて障害者雇用枠で就職活動を行い、採用されました。配属された職場は発達障害を持つ方が多い職場でした。就労移行支援事業所を利用したときに身体障害や精神障害を持つ人たちと一緒に訓練を受けたことがありましたが、発達障害は

自分一人だったので、他の発達障害を持つ人のことをよく知りません。現在の会社に入って初めて発達障害を持つ人たちと一緒に仕事をすることになりました。まさか、これほど多くの発達障害を持つ人と一緒に働くということは想像していませんでした。

　私は周囲の方に対して自ら積極的にコミュニケーションを取るタイプだと思いますが、現在の職場はどちらかというとパソコンに向かって黙々と作業する人が多く、共通する話題があまり見つかりません。これまでの一般就労の事務部門の職場とは雰囲気が異なるので少しとまどっています。とはいえ、障害を持つ社員全体の雇用管理を担当する社員の方々もいるので、何かあれば相談できますし、安心して働くことができる環境です。

　また、周囲の方々は、プログラミングができるほどパソコンを得意とされる方が多いのには驚きました。私はこれまで仕事でパソコンを使用してきたので、それなりにできるほうだと思っていましたが、それ以上に周りのスキルが高いので、もう少しパソコンが上達するように努力したいと思います」（Eさん）

「企業には正社員以外にさまざまな雇用形態の方が働いていることを知りました。私が勤務している会社は特に短期間の現場が多く、現場ごとにスタッフを採用します。その現場に関わるスタッフは正社員、契約社員の他に、アルバイト、業務委託契約者の方もいます。現場以外の管理部門や一部専門職には派遣社員の方もいます。そして、一部のWeb制作者やデザイナーの方は専門職として、企業に所属するのではなくプロジェクト毎に動いているようです。したがって、社内にはごく少数の正社員しかいません。このようなことは入社前には想像もできなかったことで、入社して初めて知りました」（Fさん）

> **Q 職場の人との関係で難しいと思うことがありますか？**

「私は1対1で聞かれたら普通に答えられるのですが、雑談のような目的のない会話にはどのように答えてよいかわからず黙ってしまうことが多いです。以前、女性ばかりの職場で大勢が集まってお弁当を食べる習慣がありましたが、複数の人が同時に話すと話についていけなくなり困りました。また、そのような場での会話の内容はたいがい社内の誰かの噂話で、社内の事情に疎い私はまったく内容がわかりません。また、同時に二つのことができず、話に集中するとお弁当を食べる暇がなくなって困りました。そのため、大勢の人と昼食を食べるのは苦手です。

　また、社外の食堂などで昼食をとるのもあまり好きではありません。お店の照明や臭いなどは耐えられますが、若干聴覚過敏があるため、ざわざわした場所では会話を聞き取りにくいのです。

　現在の職場は障害者雇用枠での採用なので、面接で苦手なことを聞かれた際、『私は食べることと話すことを同時に行うのが苦手です。皆さんと一緒にお昼を食べると必要以上に気を遣い、疲れてしまうかもしれません。午後からの仕事に備えるためにも、一人でお昼を食べることをご理解ください』と説明し、お願いしました。また、『我が社は年に1度、全社をあげての忘年会があります。社員との貴重な交流の場なので参加したほうがよいと思いますが、どうしますか？』と聞かれ、『私はお酒が飲めませんし、気の利いた会話もできないので聞き役になってしまいますが、それでも構わなければ参加させてください』と答えました。現在の職場の皆さんには私の特性について理解してもらっていますので、苦手な交流は最低限で済み、気分的に楽だと感じています」

> **Q 困ったとき、悩みのあるときは誰に相談しますか？**

「入社前に会社から『支援者を決めて、就職後の支援をお願いしておいたらどうですか？』と言われ、障害者職業センターのカウンセラーに困ったときの相談をお願いしました。社内では相談しにくいことがあるだろうからと社外に支援者をつくることを奨励しているのだそうです。就職の前に障害者職業センターに予約を取って面談をお願いし、そして就職後の支援も受けられることになりました。就職直後は、定期的に職場に来て話を聞いてくれました。現在は何か困ったときに自分から支援者の方に連絡し、相談しています。私の勤務する会社には障害を持つ社員が多いので、職場にジョブコーチの資格を持つ社員の方がいます。もちろんちょっとしたことはその方に相談しますが、いざというときに社外に相談できる方がいるというだけで安心です」（Aさん）

「これまで特別に相談できる人はいませんでした。すべて順調であったわけではなく、就職して以来自分が経験してきたことを、困ったときの対処法も含めてデータとして蓄積してきました。過去の経験はすべて状況を分析し、データとして蓄積してあるので、次回同じようなケースが発生したときにはこの過去の経験のデータを利用します。ほとんどの場合は対応策を過去の経験から引き出してくることで、解決することができます。しかし、障害者雇用枠での就職に関しては支援者の方からいろいろとアドバイスをもらいました。対応したことのないケース、あるいは自分で判断することが難しいケースなどは支援者の方にメールで相談させてもらうことがあります」（Bさん）

Q 週末はどのように過ごしていますか？

「仕事のことを忘れて、自分の趣味の活動に熱中しています。同じ趣味を通じてさまざまな年代の方々と知り合い、意見交換ができることは楽しいですし、私自身の気持ちがより豊かになるように思います。自分の気持ちが豊かで心地よい状態にあると仕事もうまくいくように思います。仕事は大事ですが、人生は仕事がすべてではないので、平日は仕事に打ち込み、週末の時間は自分の趣味に費やそうと思います」（Aさん）

「土曜日の通院が月1〜2回あります。平日は仕事で時間に追われているという気持ちがあり、どうしても疲れとストレスが取れないような気がします。なにか小さな気晴らしができるとよいのかもしれません。これからの週末は健康維持のためにもウォーキングなど身体を動かすことを心がけたいと思います」（Bさん）

「私はこれまで何も趣味らしいものがなかったので、週末は何もすることがなく過ごしていました。しかし、入社してしばらく経ってから、職場の人に声をかけてもらい、ゴルフを始めました。それ以来、自分でも練習場に通い、ゴルフの腕前をあげようと熱心に練習しています。週末にゴルフの練習という予定が加わり、週末の行動に楽しみができメリハリがつきました。身体を動かすだけでも爽快感があり、心地よい疲れは快眠にもつながります。職場の方々にコースに誘ってもらえただけでなく、一緒にゴルフを楽しむことができ、共通の話題ができたことがとてもうれしいです」（Cさん）

言葉を尽くして語り合いましょう

　日頃発達障害を持つ方々の相談を受ける中で、新卒学生からの就職相談の件数が増えてきました。一方で、社会人経験者からの仕事上の悩み相談も少なくありません。発達障害の特性はさまざまであるため、個々の発達障害を持つ方の抱える課題は異なります。また、新卒学生の前に立ちはだかる就職の壁と働き始めた方々が直面する職場での戸惑いや困りごとは、目的と内容に違いこそあれ、発達障害を持つ方々が自分を知り、社会と折り合っていかなければならない道程にあります。

　本書は発達障害を持つ人が働くためのQ&Aをまとめたものですが、なによりも「言葉を尽くす」ことを心がけて執筆しました。
　インターネットが普及した現在、情報は洪水のように溢れています。膨大な情報の洪水の中でどの情報を信じたらよいのかわからずに呆然とする学生、はたまたインターネット上の情報に安易に飛びつき、その情報を絶対と信じる学生も少なくないと思います。インターネットで得られた情報はあくまでも参考程度にしかなりません。社会人になるからには、これらの情報を適切に分析し、使いこなしていく必要があります。
　そこで、就職という門の手前で立ちすくんでいる学生の皆さんに向けて、自分自身を知り、さらに自らの一歩を踏み出してもらうために、就職活動そして就職してからの長きステージにわたり重要なことを知っていただきたいと思いました。物事には理由があり、相手の立場も考えて行動することが、なぜ必要なのかをできるかぎり言葉を尽くして伝えたいと思いました。他方で、企業の人事担当者や発達障害を持つ社員が働く職場の方々に対しても、発達障害を持つ方々の困りごとや不安につい

て理解してもらうために言葉を尽くしました。

　思い返せば随分昔のことのように感じますが、かつて大企業には人徳のあるベテラン社員がいたものでした。日々飲み会ばかり出席している輩と思うなかれ、彼らは職場のさまざまな情報に通じ、職場間のちょっとした問題を調整したり、職場で悩む新米社員の話しを聞いたり、新米社員では思いつかないような職場の問題の解決方法を伝授してくれたものでした。現在では、企業の業務効率化が進み、このような人徳を最大の長所とする社員はすでに"絶滅種"となっているかもしれません。

　日々発達障害を持つ方々と交流している私たちは、皆さんともっともっと言葉を尽くして語り合いたいと思っています。皆さんがちょっとした事実ややり方に気づかないが故に、困りごとを抱えてしまうのはとても残念だからです。そして、何よりも困っている皆さんの不安を企業の方々にわかるように伝えていきたいと思っています。発達障害を持つ方々はそれぞれ大きな不安を抱えていることでしょう。しかし、その不安が単なる性格によるものなのか、あるいは解決すべき方法があるのかどうかなど具体的なことまで知る人は職場ではまだ少数だと思われるからです。真面目で一生懸命な発達障害を持つ方々が、自分の能力をよりいっそう発揮し、安心して働くことのできる社会の実現に向けて、少しでもお役に立つことができればと願っています。

　最後に、コラムの執筆を快く引き受けてくださった方々、皆様のご協力により本書は多角的な視点を備えることができました。また、皆様のお力なくしては就労の取組みを進めることはできません。執筆への感謝を申し上げるとともに、よりいっそうのご尽力をお願い申し上げます。

石井　京子

社会を知り、社会を感じよう

　シリーズ第一弾となる『発達障害の人の就活ノート』の出版の際から著者である石井京子さんの原稿執筆に関わらせてもらい、第二弾の『発達障害の人のビジネススキル講座』では、実際に筆をとることになりました。そして、今回の第三弾『発達障害の人が働くためのQ&A』では、これまでに当事者、保護者らから問合せのあった質問や相談を元に執筆しました。原稿に向かいながら、自分の言いたいことを伝えるにはどのように書けばよいのか、本書を手にしてもらった当事者、保護者、支援者、企業の方々に意図を理解してもらえるのだろうかと思案し続けてきました。そして、当事者の皆さんが苦労されている困難さの一面を感じる機会をいただいたと改めて感じました。

　今の仕事を始めてから、数多くの当事者、保護者、そして支援者の方々と向かい合う一方で、雇用している企業の担当者や経営層の方々とも向かい合い、就労・雇用に関する話を伺ってきました。当事者が望む理想のあり方を多く聞きますが、聞くほどに〝待ったなしで今この時代を生きていくにはどうすればよいか〟ということを考えるようになりました。
　社会に飛び出せば、企業や組織の目には見えない枠組みというものが存在します。それが採用基準であったり、組織や仕事のやり方であったりします。それぞれに独自の特徴や雰囲気があり、固有の常識や思考で形成されています。また、そこには見極めの基準となる高いハードルが存在します。当然、求められる実績と課せられる責任があります。
　そして、〝紐解く〟〝創造する〟など〝形のないものを生み出す〟ことが、付加価値が高いとされる仕事が主流となり、型どおりと言われるよ

うな定型的な仕事はなかなか見つけにくいと言われています。

　ときどき、支援者の中から既成の枠に当てはめることを嫌う声を耳にします。確かに、当事者に合うように柔軟に変化する枠組みが社会に実現できれば何も問題はないと考えられます。しかし、現実はそう簡単にはいきません。なかなか生きづらいと感じてしまうのは当然のことと思います。

　しかし、発達障害の就労支援は、まだ始まったばかりで、ユニークな特性の活かし方、大きな成果につながる術を十分に見出せていないのも事実です。試行錯誤しながらも、それを見つめるためには、まずは社会を知り、社会の実体を肌で感じることから始めなければならないでしょう。

　だからこそ、今を乗り越えていくために、知っておいて欲しいことがあります。覚えておいて欲しいことがあります。実践して欲しいことがあります。そのような思いから、今回のテーマである当事者や保護者、企業の方々からの質問に答えるQ&Aをつくりました。本書が当事者にとって、謎めいた社会を"紐解く"ヒントになればと願います。発達障害を持つ当事者の皆さんには、厳しい社会の荒波にさらされながらも、何とか苦難をかわしていって欲しいと思います。

　最後に、本書の執筆に際してこのような機会をくださった石井京子さん、シリーズ制作にあたりコラムの執筆やヒアリングなどにご協力くださった企業の担当者の方々、日々当事者と向き合い就職への道を導くためにご尽力されている支援者の皆様にさらなる期待を込めつつ、心より感謝申し上げます。

　　　　　　　　　　　　　　　　　　　　　　　　　池嶋　貫二

著者

石井京子
テスコ・プレミアムサーチ株式会社　代表取締役社長
上智大学外国語学部英語学科卒業。通信会社、大手人材派遣会社を経て、2008年にテスコ・プレミアムサーチ株式会社を設立。数多くの企業へ障害者雇用に関するコンサルティングサービスを提供するほか、障害や難病を持つ方の就労支援に対応し、発達障害を持つ方の就労に関する原稿執筆やセミナー・講演の講師を務める。

池嶋貫二
セットパワード・アソシエイツ合同会社　代表社員
大学卒業後、システムソリューション企業でシステム設計・開発業務などに従事した後、大手人材派遣会社を経て、2009年にセットパワード・アソシエイツ合同会社を設立。発達障害者への就活個別指導、支援者・保護者・学校向け支援講座、企業の障害者雇用コンサルティングサービスを提供する。

コラム執筆者（掲載順）

佐藤智恵
特定非営利活動法人さらプロジェクト
就労移行支援事業所さら就労塾＠ぽれぽれ　経営責任者
2007年に開設された就労移行支援事業所「さら就労塾＠ぽれぽれ」で、千歳台事業所の施設長を務めた後、2011年より現職。就労を希望するさまざまな障害を持つ方に、企業が求めるレベルの職業能力を育む教育訓練を実施し、就労の可能性を広げ、就労継続の力を身に付けることを目指している。

古川直樹

特定非営利活動法人クロスジョブ神戸　理事長
就労移行支援事業所クロスジョブKOBE　所長
兵庫県立総合リハビリテーションセンターで職業部門の施設長を務めた後、発達障害に特化した就労移行支援事業所「クロスジョブKOBE」を2012年5月に開設。施設に通うのではなく仕事に行く感覚で職業準備訓練を提供する。発達障害を持つ人が真に必要としている支援を常に考え続けている。

笹森理絵

精神保健福祉士
就労移行支援事業所クロスジョブKOBE　就労支援員
30代の初めに発達障害の診断を受けたことを機に精神保健福祉士の資格を取得。それぞれ違うタイプの発達障害を持つ3人の子どもの母親という目線も持ちながら、発達障害者支援に特化した就労移行支援事業所「クロスジョブKOBE」で就労支援員を務める。

林哲也

さいとうクリニック（精神科）医師
合同会社ライムライト　代表
信州大学医学部卒業。さいとうクリニックでの精神科外来診療の他、自身が代表を務める合同会社ライムライトでは、死別などの喪失や突然の変化による悲しみ（悲嘆）に適切に対応しストレス症状を軽減するグリーフセラピーや、職場のメンタルヘルスサポートを提供する。複数企業の産業医・顧問医、日本薬科大学非常勤准教授も兼任。

編集協力：渡辺彩子

人材紹介のプロが答える
発達障害の人が働くためのQ&A

2013（平成25）年2月28日 初版1刷発行

著　者　石井京子・池嶋貫二
発行者　鯉渕友南
発行所　株式会社　弘文堂　101-0062　東京都千代田区神田駿河台1の7
　　　　　　　　　　　　TEL03(3294)4801　　振替00120-6-53909
　　　　　　　　　　　　http://www.koubundou.co.jp

装　幀・本文デザイン　日高祐也
印　刷　大盛印刷
製　本　井上製本所

© 2013 Kyoko Ishii, Kanji Ikeshima. Printed in Japan.

JCOPY ＜(社)出版者著作権管理機構　委託出版物＞
本書の無断複写は著作権法上での例外を除き禁じられています。複写される場合は、そのつど事前に、出版者著作権管理機構（電話 03-3513-6969、FAX 03-3513-6979、e-mail: info@jcopy.or.jp）の許諾を得てください。
また本書を代行業者等の第三者に依頼してスキャンやデジタル化することは、たとえ個人や家庭内での利用であっても一切認められておりません。

ISBN978-4-335-65154-0